译者序

《经验值为0如何选出大牛股》的作者彼得·里奇乌蒂是一位拥有丰富的投资经验和独特的投资理念的学者,他根据自己成功的投资经验和丰富的研究心得所著的这部投资学著作,既生趣盎然,又颇具启发意义。本书通过一个个生动鲜活的案例展现了作者及其研究团队是如何发现那些被忽视的、有利可图的投资机会和优质公司,其独特的研究视角和投资理念对于个人投资者如何选择成长股具有重要的指导意义。虽然本书主要是为个人投资者而写,但对机构投资者也有重要的参考价值。

无论在金融理论还是实践中,都有

经验值为 0 如何选出大牛股

信奉芝加哥大学著名教授尤金·法玛（2013 年诺贝尔经济学奖得主）"有效市场假说"的学者和投资者。有效市场假说基于证券的市场价格对信息的反映和揭示程度，将市场效率性分为三个层次：弱式市场有效性、半强式市场有效性和强式市场有效性。如果证券的市场价格反映了所有的历史价格信息，那么市场就是弱式有效的，即投资者无法通过基于历史价格的技术分析来战胜市场并获得超额回报。如果证券的市场价格反映了所有的历史价格信息和公开可得信息，那么市场就是半强式有效的，即任何基于历史和公开信息的交易都是无利可图的，对股票历史价格信息和公司基本面信息的搜集、解读和分析都是在浪费时间。如果证券的市场价格反映了一切信息，包括历史价格信息、公开可得信息和内幕信息，那么市场就是强式有效的。来自学界的一些实证研究表明，美国的股票市场基本达到半强式有效。然而，也有一些学者和投资者并不认同有效市场假说，从而技术分析和基本面分析在投资界大行其道。自有效市场假说诞生之日起，对它的争议就从未停止过，在可预见的未来，这一争议还会继续下去。另外，由于不时出现的各种市场异常现象在一些学者看来是与有效市场假说相悖的，因此，在对各种市场异象进行研究和解释的过程中诞生了一个新的金融学分支，即行为金融学。这一领域的开创性和代表性人物是耶鲁大学著名教授

译者序

罗伯特·席勒，他也因对资产价格的实证分析所做的贡献而获得 2013 年的诺贝尔经济学奖。

本书作者无意陷入非此即彼的学术争论，而是采取一种折中的观点。作者认为，大公司和知名企业因其股票受到大量证券分析师的关注、跟踪和分析，从而其股票价格充分反映了所有可得信息，而一些小公司和默默无闻的企业所受到的关注、跟踪和分析非常不足，从而股价不能完全反映公司的价值。对这类小企业而言，通过实地调研、访谈、分析和跟踪，当然，可能还需要一些个人的灵感和洞见，投资者就可以发掘出一些被忽视的优质公司，从而获得远高于市场平均水平的超常回报。作者发现，跟踪某个公司的股票分析师的数量似乎与该股票的表现是负相关的。为此，作者基于自己信奉的价值投资和长期投资理念，通过亲身经历和一个个生动有趣的调研故事，来向投资者说明如何发现和评价那些被忽视的公司和有利可图的投资机会，鼓励普通投资者通过提高自己的选股能力来获得超常回报。此外，作者鼓励个人投资者关注自己所在地区的上市公司，对于这些企业，投资者既有一定的信息优势，又能节约调研成本。本书语言生动活泼，引人入胜，虽然涉及一些金融专业知识，但并不会给非专业读者带来任何障碍，适合于对股票投资感兴趣的任何读者。

就我国的股票市场而言，个人投资者众多是一大特色，但真正愿意对上市公司进行深入研究和独立判断的个人并不多，热衷于打探内幕消息和进行技术分析的个人却不少。虽然我国个人投资者的投资业绩表现欠佳有一些特殊因素，但不可否认的是，缺少发掘投资机会和优质公司的理念和方法仍是一大重要因素。希望本书的出版能为我国个人投资者未来提高投资水平和投资回报提供启发和帮助。

最后，感谢中国人民大学出版社的信任和支持，感谢曹沁颖女士和编辑的辛勤付出。

孙国伟

目　录

引　言　牛股就在身边 / 1
第 1 章　迎接个人独立选股时代 / 17
第 2 章　放下面子来选股 / 31
第 3 章　投资那些向淘金者卖铲子
　　　　 的人 / 43
第 4 章　抓住回购的投资机会 / 55
第 5 章　盯住那些一再让人失望
　　　　 的股票 / 65
第 6 章　寻找可重复业务 / 73
第 7 章　看看其他人错过了什么 / 83
第 8 章　反思失败 / 91
第 9 章　你从未听说过的最好
　　　　 的公司 / 99
第 10 章　表里不一创造大量财富 / 111

第 11 章　哪些公司会被收购 / 121

第 12 章　别轻信流言 / 133

第 13 章　社会名流和预言者 / 141

第 14 章　一些简单数字必须会看 / 149

第 15 章　学会提问 / 163

第 16 章　学生的实地考察 / 171

第 17 章　行动起来 / 177

附　　录　可靠的投资信息来源 / 185

引 言

牛股就在身边

我写作本书的目的在于鼓励个人投资者相信自己的选股能力。同时,我还想借此打破少数几个华尔街神话,并分享我的一些心得体会。

为什么你们应该读这本书呢?首先,我会给你们讲很多有趣的故事。其次,我有近35年的投资经验。过去的27年间,我在位于新奥尔良的杜兰大学教授金融学课程,同时是杜兰大学博肯路报告(Burkenroad Reports)学生股票研究计划的创立者和主任。我毕业于波士顿学院,在老牌投资银行基德尔皮博迪位于波士顿的办公室开始了我的职业生涯。在此之后，我又担任路易斯安那州的助理财政主管和首席投资官五年有余，管理该州30亿美元的投资组合，并在理事会中负责监督另一个80亿美元的退休基金的运作。

我于1993年开始在位于新奥尔良的杜兰大学全职任教。杜兰大学是一所创建于1834年的选拔严格的研究型大学。在2005年遭受卡特里娜飓风的重创之后仅仅过了一个学期，杜兰大学便恢复了教学。

在过去的几年里，我们每年从大约35 000份申请表中仅仅挑选出1 700名秋季入学的新生。弗里曼商学院位于杜兰大学布满落叶的市郊校园中心，在全球商学院排名中位居前列，《金融时报》将我们的金融系列为"全球十佳金融系"之一。

除了教学之外，我还在全美公共广播公司位于新奥尔良的分台主持一档名为《外出午餐》的广受欢迎的商业节目。自从卡特里娜飓风之后，新奥尔良已经成为一个更富活力的商业区。《福布斯》杂志将其称为"美国商业机会的新前沿"，Under 30 CEO 网站则将新奥尔良称为"年轻企业家的第一城"。我每周都会带两位企业家到著名的司令宫餐厅就餐，并就其成功的、通常令人吃惊的商业想法采访他们。

在过去的30年中，我已经就金融市场问题在47个州向超过1 000个团体发表过演说,听众来自各行各业,有修女、水上公园老板、投资经理和新奥尔良圣徒橄榄球队(我在投资讨论班上指导这些NFL球员)。

▶ 博肯路报告课程

1993年,我收到一笔来自路易斯安那教育质量信托基金的慷慨捐赠,那年末,我在弗里曼商学院创建了博肯路报告股票研究计划(该计划的网址参见:www.burkenroad.org)。该计划的名称是为了纪念杜兰大学商学院的一位校友和长期支持者威廉·博肯路。

博肯路计划究竟是什么意思?是这样的,我带领一帮年轻有为的学生分析师踏遍了南方六州,以得到那些没太被关注的上市公司的"内部消息"。这是全美首个学生股票研究计划,学生们实际接触高级管理人员、访问公司现场、开发金融模型,并发布有巨大潜力却不为人所知的公司的投资研究报告。报告所研究的公司的股票价值均被低估,且或多或少地被华尔街所忽视。

从计划一开始,每个学生都被要求签署一份协议,直到他们毕业之前都不得购买博肯路报告所跟踪的任何一家企业的股票,同时规定我的工作人员和我自己也不得购买这些股票。华尔街对其分析师实施了类似的限制，禁止分析师购买其跟踪企业的股票，实际上，我们执行这些规定比华尔街要早若干年。对博肯路报告来说，这看起来像是避免利益冲突的一次预先实战演习。

我们的研究给密西西比的汉考克银行留下了极为深刻的印象，该银行以我们的计划为基础成立了一个共同基金。这些学生撰写的研究报告为这个始于 2001 年 12 月 31 日的基金提供了支持，使得该基金在近 12 年的时间里表现优于大约 99％的股票共同基金。自其成立后，汉考克地平线博肯路小市值基金（股票代码：HYBUX & HHBUX）的总收益率已经达到 271％，是小盘股罗素 2000 指数（Russell 2000，收益率为 132％）的两倍，是标普 500 指数（S&P 500，收益率为 77％）的三倍有余（见图 1）。该基金拥有超过 4 亿美元的资产，并由汉考克银行的大卫·朗格伦管理。

我每年招收 200 名学生，我将他们分为五个团队，并指派每个团队来研究总部位于路易斯安那、得克萨斯、密西西比、亚拉巴马、佐治亚和佛罗里达的不受关注的中小型上市公司。

我们不只是从报表上跟踪这些公司。我们戴上安全帽或者穿上靴子，参观工厂并会晤首席执行官（CEO）、首席财务官（CFO）和其他公司决策者。我们集体出动，自由地访

引言 牛股就在身边

	证券名称	货币	价格变动	总收益率	差数	年化收益率
1	标普 500 指数	美元	39.91%	77.25%	−193.34%	5.10%
2	博肯路基金	美元	221.33%	270.59%		12.07%
3	罗素 2000 指数	美元	100.10%	132.13%	−138.46%	7.60%

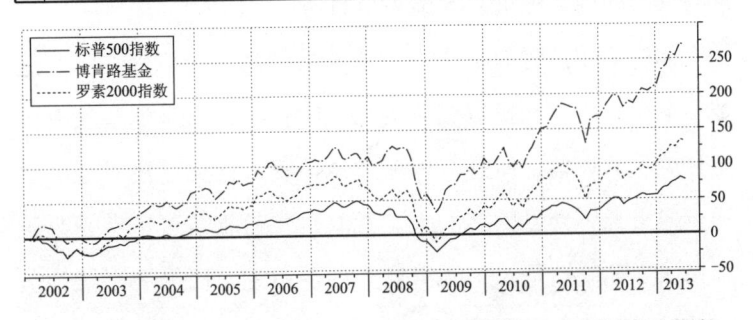

图 1 博肯路基金（HYBUX）vs. 标普 500 指数 vs. 罗素 2000 指数

问近海的石油钻塔、参观钢铁厂、走访鸡肉加工厂。如果你从未去过一家鸡肉加工厂的话，那么就带上你的家人去看看吧！

20 世纪 80 年代初在基德尔皮博迪公司的时候，我就渴望对企业进行实地考察，一次，我们帮助一家为医学研究孵化无毛老鼠的公司进行二次上市，公司的老板认为如果我们能实地考察并看看他们在做什么，在与客户有关交易的协商中我们就会做得更好。他们把我们带上大巴，到达的时候，我们被告知要穿上无菌工作服、裤子、靴子和手套。我问为什么要这样，他们回答因为之前的一群访客带来了细菌，然后，老鼠死了。我为此着迷，我旅途中所有的同伴也莫不如此。这是一个大男孩实现科学梦想的奇幻之旅！

经验值为 0 如何选出大牛股

也许你曾经听说过博肯路报告,因为该计划曾上过《华尔街日报》《纽约时报》,也上过 CNBC、CNN 和 PBS 电视台的《晚间商业报道》等诸多节目。

你应该花点时间来读一下这本书的另一个原因在于,这是一个个人研究和投资股票的伟大时代,尤其是那些没有被充分关注的股票。但是,坦率地说,我未曾见过比对经济学和金融市场感到更困惑的人。我看过一份报告说,有一半美国人认为美联储是一个印第安人的保留地,而另一半认为美联储是一个威士忌牌子。

但是,就算是玩笑也多少带有一些真实色彩。去年,我在中西部做报告,一个小伙子在结束的时候向我走过来并告诉我,他喜欢我的报告和所有的笑话——但内容与他个人没什么关系,因为报告是关于股票和债券的,而他所有的钱都放在共同基金里。我不忍心告诉他,共同基金通常就是由股票和债券构成的。他看起来非常高兴。我猜想他认为共同基金是用奶酪制造的。

当前,个人投资者要么因恐惧而畏首畏尾,通过随大流而获得很平常的收益,要么因肾上腺素驱动在股市赌博让自己焦躁不安。我把"钱包变扁型"的投资大军分为三类。

悲观保守型投资者

这些人把他们的钱放在床垫下面，或者让钱待在无/低利息的银行定期存款或货币市场基金中，这二者之间并没有什么分别。这种人很容易受到惊吓，他们通常紧盯报道经济下行新闻的有线电视和财经网站。

在我写作本书的时候，股票市场达到创纪录的高位，这是一个好的现象。但人们仍然害怕，恐惧贩子指责经济的不确定性。好吧，我们曾几何时有过"确定的经济"？市场经济是周期性的，自冰川时代以来就是如此。

在你开始考虑投资股票市场之前，你需要检查你的财务规划清单上的几件事。你需要付清你的信用卡欠款，你对那些欠款要支付15%、20%，甚至是30%的利息，这种水平的收益率在股票市场上也是很难一直获得的——即使在本书的帮助之下。事实上，还清那些欠款相当于让你赚了与你交付的利息相等的钱。

其次，确保你和你的家庭拥有充足的健康保险。毫无疑问，个人破产的第一大原因是未偿付医疗账单的沉重负担。别让这种事情发生在你身上！在讨债人要收走你的住房和你的高尔夫俱乐部的时候，拥有令人兴奋的小盘股股票投资组合是没什么好处的。

我绝不是说个人投资者应该把所有的钱都投在较小的、不受关注的股票上。你的投资应该呈金字塔形，在底部是国债、定期存款、高质量公司债券。这个金字塔的中间部分可以包含蓝筹股（指数基金很可能是最好的）或房地产。但是在金字塔的顶部，你要拥有较高风险、较高收益的投资。

为退休而储蓄的一种方便的计算方法是用100减去你的年龄，余数便是投入股票的百分比。因此，如果你只有30岁，那么你可以用你投资组合中70％的资金来长远规划你的股票投资。然而如果你已经75岁了，那么将超过25％的资金投入到股票中是不安全的，原因在于，从长期看股票会轻松打败债券，但也具有高得多的波动性。你投资的时间越长，股票就会变得越有吸引力。一般而言，做持有者（股票）比做出租者（债券）更好。

引言　牛股就在身边

是的，市场时有涨跌。是的，媒体全天候地在全球实时播报那些我认为基本上与大部分公司无关的新闻，尽其所能地把小投资者吓得躲藏起来。

但是，如果你只是让你的钱闲置在银行，或藏在你的床垫下面，其实际价值会因通货膨胀而受损。什么都不做也侵蚀你的购买力。要让你的钱动起来。

"小白"型投资者

一些投资者乐于做个"小白"，他们只是把钱交到投资专家手里，这往往会带来可预期的、平庸的结果。大部分"专家"都盯着相同的大盘股股票，把"买大家都买的"作为其投资理念。

据我所知，最痛心，但也最常见的事情是，投资者的"分散化"投资组合根本不起作用。当你审视基金中占比最大的股票之时，你发现他们往往都持有 20 只左右基本相同的股票。投资者得到了很多不同的财务报告，但却并没有真正地得到差异化的投资管理。

在过去的大约 90 年里，标普 500 指数已经产生了大约 10% 的年化收益率，这是相当好的。但坏消息是，在过去的 5 年里，几乎 70% 的共同基金表现低于其基准，共同基金投资者的平均收益水平甚至更差。投资行业通常使用"相对收

益"（即"虽然你亏钱了，但比大部分投资者亏得少就算好的"），这就像"矮子里面拔将军"。

大部分投资者恰好在错误的时候进入牛市和熊市，事实上也就是高买低卖。对我而言，"寻找市场时机"是徒劳无功的，选到成长股才是硬道理。

交易上瘾型投资者

死盯着电脑屏幕并喝下一口功能饮料，这位"赌徒"不断期待赚到一系列小利润。

这种生活方式也许具有一定魅力，但是在我的投资生涯中，我从未见过任何人用这种投资方式能持续获得可观的收益。不过在维持胃药企业的生存方面，他们贡献很大。

引言　牛股就在身边

一些投资者认为自己能通过迅速对新闻做出反应而胜过他人，省省吧，市场会瞬间接收、解读和吸纳新信息！即使是复杂的消息也是迅速评估的。我们成功跟踪过一家叫作海湾岛建造（Gulf Island Fabrication，GIFI）的公司（与标普500指数的对比见图2），在路易斯安那州侯马市主营海洋油田建造，公司的创始人是阿尔登·拉波尔德。阿尔登是该地区的一个民间商业英雄，他还创建了另外两家上市企业：ODECO公司和潮水公司（TDW），后者是世界最大的油田服务船的拥有者和运营者。他的事迹在1953年还被拍成了一部由吉米·斯图尔特主演的叫作《雷霆海湾》的电影。

经验值为 0 如何选出大牛股

	证券名称	货币	价格变动	总收益率	差数	年化收益率
1	标普 500 指数	美元	78.58%	137.99%	132.30%	5.63%
2	海湾岛建造公司	美元	−5.43%	5.69%		0.35%

图 2 标普 500 指数 vs. 海湾岛建造

　　1998 年末，海湾岛完成了一个价值 5 000 万美元的甲板建造项目，要安装在位于新奥尔良市东南大约 210 英里的墨西哥湾的佩特罗尼乌斯石油平台上，水深达 2 000 英尺。佩特罗尼乌斯是尼禄时代的古罗马讽刺诗人（看来那些大学文科课程都白学了）。一家近海工程承包商用驳船将巨大的组装物运到钻塔附近，正当工人们在安装的时候，缆索突然断裂，这个价值不菲的"铁盘"沉入了海底。每个事件都有赢家和输家，在对没有造成人员伤亡感到如释重负之后，投资者迅速着手评估这一状况，在几分钟内作出下列推论：

- 工程承包商的股价下跌（他们是责任方）。
- 石油公司的股价保持稳定（商业保险会赔偿损失）。
- 海湾岛建造公司的股价大幅上涨（他们将得到一个新

引言 牛股就在身边

甲板)。

这些都是公开的。华尔街不乏思维敏捷者。

加州大学伯克利分校的特伦斯·奥迪恩和布拉德·巴伯教授最近一项研究表明,交易最少的那些投资者与交易最多的那些投资者相比,每年的收益率高出6.8%。

➤ 牛股就在身边

接下来,我想向投资者说明如何发现和评估被忽视的公司,你需要一点点耐心——通过选股来获取回报。

你可能会说,"嘿,这家伙在大学里教书,难道他不知道市场是有效的,并且股票是基于所有可得信息被完美定价的吗?"

"有效市场假说"是一个假设,即假定我们所讨论的一切都已经在股票价格中得到了反映,这就等于假定我们所有的讨论都是在浪费时间。

一些学者说,市场给每只股票定出了正好等于其价值的价格。一个公司的股票价格受到很多因素的影响:每股的预期盈余,其资产负债表的强度,增长前景,过去的表现等等,而这一切都体现在价格里。正如Ragu牌意大利面调味汁的广告语常说的那样,"它就在那儿。"

经验值为 0 如何选出大牛股

　　我对此表示同意——但只对那些受到广泛关注的公司而言，因为它们吸引了大批分析师的关注。我真的不是要跟金融学界作对，我认为他们是部分正确的。蓝筹股市场是相当有效的，小公司则通常没有被非常仔细地考察过，那正是很多机会之所在。

　　很多这样的宝贝也许就在你的家乡，或者，它们会在你的工作中碰到，或者从朋友邻居处听到。在任何经济形势下，都有由聪明人管理的兴旺、发达、可靠的公司。

　　我想向投资者说明如何发现和评估这些被忽视的公司——并在接下来通过投资这些股票而获得回报。小公司是市场上产生"阿尔法效应"的最佳场所之一——"阿尔法效应"是通过购买一个特定的股票所获得的收益，这一收益超过因你承担风险而预期会获得的收益。

　　让我给你们讲一个关于我是如何爱上股票市场的故事。都围拢过来听我说说吧。

　　20世纪80年代初，我还是一个在位于波士顿的投资公司基德尔皮博迪（后来被通用电气收购）上班的年轻人。我住在市区的北部，每天早晨我会穿上西装步行去上班。那时候是上午10点开市，我们一般必须在8点之前到公司。但是，有一天早晨，老板告诉我们提前一小时到办公室，他想让我们听听一位从外地赶来的分析师的报告。

引言　牛股就在身边

股市太可怕了。我记得曾向一位年长的同事抱怨过股票市场。他把钱投在同样糟糕的房地产市场，因此自嘲道，"股票市场是不行，但至少你不用耗费体力啊！"

股价一路下跌，我准备听一下这位华尔街专家会说些什么，因此我很早就来了。

先介绍一下当时的情况吧，利率高达18%，没有人能买得起房子（利率让买房子变得不可能）。如果你已经有房子，你不会考虑买新房，因为你有必要继续维持你目前所拥有的低息抵押贷款。

分析师说，"此刻在整个美国，妻子们纷纷对她们的丈夫说，'亲爱的，我知道我们不能搬家，但你总得对这个地方做点什么吧。装修都过时了，看起来糟糕透了，至少要粉刷一下屋子吧！如果你不答应，我就搬走，这是最好的分手……我会把孩子留给你！'"

"因此，"那位分析师继续说，"我要推荐的是谢尔文·威廉姆斯公司（SHW）。"这是一家位于克利夫兰的油漆公司，差不多就像你概念中的那种无人问津的股票。

猜猜怎么样？他是对的。房主们的确开始修整他们的房子，在不到一年的时间里，该公司的股价上涨了250%，比整个股票市场好四倍。

这就是我想说的。就像南方谚语所云，"每个煎饼都有两面"，没有什么情形对每个人都很糟糕。尽管1980年的股票市场没有吸引力，但是，对于那些迎合了需求的油漆公司却是个牛市。无论情形如何，总有人会从中受益。

你只要弄明白那些人是谁就行了。

第 1 章

迎接个人独立选股时代

小威利·基勒非常擅长打棒球，他在1939年进入了名人堂。这位只有5英尺4英寸身高和140磅体重的球星，把自己在球场上的成功归结为大脑而非肌肉。他说他的策略很简单："攻其不备！"

在他的例子中，"其"指的是外场员。在杜兰大学的博肯路报告中，我们的学生股票研究员采用的是相同的策略，但是，我们要"攻"的"其"是资金管理者和证券分析师。

我姑且同意一些股票因为合理的理由而被忽视。但是，让我感到迷惑的是有许多可靠且定价有吸引力的股票几乎没有人跟踪。大部分人认为被分析师"抛弃"的公司有糟透了的资产负债表、不吸引人的增长前景，或者是小到被投资者冠以"美分股票"的名号。同样，这些特征也会让我唯恐避之不及。但是，在很多情形中，一些被忽略的潜力股从指缝中溜走了，因为：

- 它们的经营范围不止一种业务或行业。
- 它们的地址是在远离华尔街的"不通公交车的地方"。
- 它们日交易量太小且不需要金融公司提供服务。它们对投资公司而言不是很有吸引力的客户。
- 它们缺乏一个轻易可以识别的"同类群"。大部分分析师通过对比相对估值来确定一个股票的吸引力。这类似于房地产代理人基于可比较的附近住房销售量作为参考为房屋定价的方式。

让我举个例子来说明这个至关重要的概念。在路易斯安那州的摩根市有个叫作康拉德工业（Conrad Industries, CNRD）的船舶建造商。他们制造的船只因为太大而无法与制造休闲游艇的上市公司相比，又因为太小而无法与建造油轮或海军舰艇的公司相比。只有博肯路报告跟踪该股票。这样一个"无双的"企业经常会产生一个孤立的股票，因为分析师没有任何估值基准。

第 1 章 迎接个人独立选股时代

你比任何华尔街专业人士都更有可能发现这些宝贝。

较小的公司往往会被大分析师所忽视。我的发现是，跟踪某个股票的分析师数量好像与其潜在表现负相关。有65个分析师在跟踪苹果公司（AAPL），每次他们落下一支铅笔都会有分析师扑过去。如果一群分析师正在跟踪一家公司，那么该股票很可能是有效定价的，但并不是一桩好买卖。我寻找的则是有五个或更少的分析师在跟踪其股票的公司。

海湾钢铁（Bayou Steel）也是博肯路报告跟踪的一家公司，《华尔街日报》对其做过报道。记者问公司的首席财务官是否欢迎杜兰大学的学生过来写报告。"是的！"他回答道，"难道我们不想让摩根士丹利的分析师来跟踪我们吗？当然想！但他们不会来。"

关键之处是，远离华尔街的人会偶然遇到分析师们永远不会注意的商业机会。我认为，历史上最伟大的两位投资者是在奥马哈的沃伦·巴菲特和在巴哈马群岛悠然度日的约翰·坦普尔顿。如果他们一直在距离波士顿和纽约那样的金融中心不远的地方操作的话，那么他们也许已经因"群体效应"而受害，并持有与其他人相同的股票。感谢"群体效应"——这给我们这些人留下了很多机会。在第一次考虑启动博肯路报告的时候，我去了一趟纽约，并跟一位资金管理人进行了交谈。这是个声音嘶哑的大块头，我告诉他打算做的事情——去调研和撰写关于这些总部位于南方的上市公司的报告。他说,"彼得,这是个非常好的想法。你知道为什么吗?"他哼哼鼻子,"在这儿,他们什么也不知道。你知道他们知道什么吗?他们只知道星巴克!他们只知道熟食店!"

这的确是一条重要的启示。你比华尔街的小圈子更可能在你的家乡或者通过朋友效力的公司而发现一家伟大的企业。

此外,个人投资者会更加耐心。与专业分析师不同,个人投资者不需要在每个季度末都提交令人印象深刻的短期分析报告来保住他们的饭碗。这总让我想起我的投资人朋友弗雷德·斯比斯喜欢说的一句话:"天才不过是更有耐心。"

下面几个原因让我认为这是一个个人独立选股的伟大时代。

当今,个人投资者拥有的一个巨大优势是互联网。过去,投资信息都来自华尔街的大企业。投资者不得不依靠经纪人,或挖掘时事通讯和股票指引来搞清楚公司价值几何及其潜在收益会是多少。我还记得那时曾请来自另外一家公司的朋友吃午饭,以期他在无意中说出他们撰写的一家我感兴趣的企业研究报告的内容。

这类过时的故事,就像填写"指令单"并让办公室文员打成定稿再送到交易所的经纪人席位一样,让杜兰大学我的学生们感到不可思议。("里奇乌蒂教授,您多大年纪了?")

第1章 迎接个人独立选股时代

事实上，很多事情在相对很短的时间里都已经改变了。与年轻人一起工作是非常愉快和令人精神焕发的，但有时候这的确让你感到自己老了。我知道我在日渐变老。现在，我正在走向"开夜车"这个词的意思更多是指"睡一夜而无须起来上厕所"的年龄。

改变是困难的。我熬过了2001年的股市从分数到十进制定价的一段艰难岁月。我真的擅长分数……现在，我的这些技能有何用武之地？食谱吗（1/2杯糖）？赛道吗（他正来到第3/8个旗杆）？数学对很多人都是困难的。据说，一位女侍者曾问约吉·贝拉*，他想把他的比萨切成六块还是八块。"六块，"约吉说道，"我还没有饿到要吃八块的程度！"

现在，投资者可以访问公司网站，并找到财务分析、年度报告、投资者幻灯片演示，甚至听一下以前的电话会议内容。而在过去，投资者不得不向经纪人支付成百上千美元的佣金，现在普通人只用几美元就可以在线进行自己的交易。

那么，为什么人们不利用这些海量的信息资源呢？他们只是不感兴趣而已。选股是一门失传的艺术。我想这要追溯到投资者的心态上来。他们受到惊吓，不想做出行动，或者他们已经被说服需要顺应潮流，让其他人来管理其所有投资。

---

* 美国前职业棒球明星。——译者注

▶ 什么是小盘股

我曾注意到一家位于休斯敦的稳健的、管理完善的公司，该公司生产手套、护目镜以及其他一些保护危险化学品行业从业人员的产品，该公司业绩优良。我想这个公司非常适合于出现在博肯路报告中，因此我打电话联系了该公司 CFO 的秘书，要求跟 CFO 通话。我告诉她我是谁，以及我们如何跟踪小盘上市公司。

秘书狠狠地训斥了我一顿。她气愤地说，"我们不是一家'小'公司！我们是一家大型跨国企业！"她的反应让我觉得很有趣，我们对"小盘股"这个词的理解完全不同。该公司的市场价值大概是 7 亿美元，这就是华尔街所称的小盘股公司。请相信我，这个叫法绝对没有"贬低"的意思。几乎我们所有最好的投资都是小盘股！

一般公众认为有大量雇员，或者也许有大量仓库或盈余的公司就是大公司。但是，投资者紧紧盯着我们所说的市场价值。这很容易搞清楚：市值只是公司发行总股数乘以股票价格。

例如，我们跟踪的一家非常优秀、管理优良的小盘股公司是 AFC 企业（AFCE），它拥有众所周知的快餐连锁品牌派派思。AFC 的市值大约是 7.5 亿美元，目前是一个小盘股。

我们报告里的 RPC 公司（RES）是一家油田服务提供商，市值大约是 35 亿美元。这被认为是一个中盘股。

在博肯路报告中，我们不跟踪任何大盘股，一个好的例子也许是微软（MSFT）。微软有超过 2 350 亿美元的市值，无疑是一只大盘股……不是我们能买得起的。我们往往还避开高科技股票。大量投资者从科技股中赚到了钱，但我们通过关注非高科技公司也取得了成功，我们会继续"紧盯'衣食住行'"。

下面是当前对市值的粗略标准：

　　大盘股＝100 亿美元以上

　　中盘股＝20 亿到 100 亿美元

　　小盘股＝1 亿到 20 亿美元

　　微盘股＝1 亿美元以下

在很长的时间里，小盘股公司的表现都明显优于大盘股。在过去的 30 年里，小盘股罗素 2000 指数（RTY）比大盘股标普 500 指数（SPX）的表现高出将近三倍（见图 1—1）。

我能听到你正在嘀咕：如果小盘股公司往往被华尔街忽视，那么投资者最终是如何赚到钱的？什么使得小盘股的价格上涨？难道小盘股不会像令人畏惧的"永远便宜股"那样

一直徘徊不前吗？

	证券名称	货币	价格变动	总收益率	差数	年化收益率
1	标普 500 指数	美元	855.49%	1 928.38%	1 241.17%	5.10%
2	罗素 2000 指数	美元	687.21%	687.21%**		7.12%

**无股息或优惠券

图 1—1 标普 500 指数 vs. 罗素 2000 指数

➢ 小盘股的优势

规模小

小盘股往往能打败大盘股的一大原因是基于其较小的规模。如果年销售额 780 亿美元的微软发明了一种新的小产品，从而销售额增加了 1 亿美元，股票很少会对此有所反映。但是，如果年销售额 13 亿美元的鸡蛋批发商卡缅因公司（CALM）得到一位新的客户并让销售额增加了 1 亿美元，那么股票很可能会被重新估值并带来其股价的上涨。

回购对股价推动大

同样，如果一家公司开始回购自己的股票，那么发行在外的股票——分母——就会变得更小。如果发行在外的股份较少，那么公司财富相对较小的变动就会对股票产生很大的冲击。在每股包含更多价值的情况下，每股盈余也会因更少的股份而获得提升。

增长机会大

虽然一家公司现在可能小到无法引起华尔街的关注，但在某个时间点，一个成功的小盘股很可能会成长到令分析师关注和为之侧目的规模。随着公司变大，就会得到分析师的青睐。

这是世界上最大的怪事之一。随着一家公司的股价变得更为昂贵，对华尔街而言它却变得更有吸引力。在每股 10 美元和市值 1 亿美元的时候无法引起分析师注意的公司在每股 100 美元和市值 10 亿美元的时候突然变成投资界的宠儿。

华尔街之外的世界并不按这种方式运行，人们一般不会在一件毛衣 10 美元的时候忽视它，然后与其他顾客争抢为同一件衣服支付 100 美元的机会。

我最初来自波士顿，因此，我在市中心最早的法林地下室商店（现已破产）亲眼见过争前恐后买便宜货的场景。法林曾有一个制度，每周对店里剩下的东西降价处理。这样一个制度非常深入人心，以至于我父亲作为波士顿公立学校的一名学生会以此为例学习百分数。（说一下你们的答案！一件男士衬衣 3 月 1 号到法林地下室商店的时候是 5 美元。衬衫的价格每七天减至原来的 1/2。衬衫在 3 月 15 日的价格是多少？）我喜欢这个地方和那些粗暴的售货员。我是色盲，曾问一位售货员我找到的一件特别（大减价）的套装颜色。他的回答是，"你希望它是什么颜色？"你再也不会遇到这样有"特色"的服务了！

小时候，妈妈一直带我去法林。我永远不会忘记看着女士们在过道中脱衣并试穿很多大受欢迎的衣服的情景。你可以想象这对我产生了"深远"的影响。

因流动性问题而产生折价

大的机构投资者需要成百上千万美元迅速进出一只股票，他们往往避开那些没有大量发行在外的股份、平均日交易量偏低，或缺乏大量的可交易份额的公司。这就降低了"流动性差"的股票估值，为小投资者们开了一个好头。你处于俗话所说的"有利形势"中。个人投资者没必要被股票有限的流动性吓走，你很可能并不打算买入或卖出足够多以至于真的会影响到市场的股份。

我曾经把我学生的研究报告发给芝加哥一家大型投资公司的基金经理，他感谢我提供的报告并夸奖了我学生的研究。但是，当我问他是否已经买了报告中建议的任何一只股票时，他说，"我已经为我自己的账户买了，但没有为基金的账户买。这些股票没有我需要的流动性，不想降低价格的话就很难卖掉很多这类公司的股份。对机构投资者来说，这些股票被称为'加州旅馆'——你可以在任何需要的时间登记住店，但你永远无法离开。"

内部人持股比例较高

我喜欢小盘股的另一个原因是：在很多情况下，即使财务规划师很可能会建议投资应该更加分散化，但是管理团队个人资产的很大比例还是会投资于自己公司的股票。如果股价上涨，那么他们就会"暴富"；但是如果情况相反，公司经理人及其家庭就会突然"破财"。当管理者和我在一条船上时，我感到放心。他们会努力工作以实现公司成长并让股票价格上涨吗？这答案难道不是肯定的吗？

决策迅速

小盘股作为经济风向标更可靠。经理们可以基于其全面的商业知识来做出决策,并迅速看到影响——然而就一些大公司而言,在咨询过各层级的管理者和开过无休止的会之后,几周已经过去了。如果是小公司需要停产落后的产品线或者减少人员则立刻就可以做到,较少有耗时耗力的浪费。

拥有更好的资产负债表

即使会计不是你在学生时代的专业,你从会计课程中能想起来的全部不过是"借方离窗口最近",你也需要想想这个。一般而言,从事看起来"不吸引人"的行业的规模较小的、不知名的公司有更好的资产负债表。原因之一是它们相对于硅谷和大盘股公司较不容易获得融资,这使得这些公司的管理者成为非常优秀的"资本管家"。

更可能被收购

此外,小盘股更有可能被收购。自从博肯路报告 1993 年启动以来,已有 24 家报告中的公司被收购。当这些公司确定被买下时,你更有可能获得丰厚的接管溢价。也就是说,不管是谁买下公司,都有可能支付比小盘股公司要价高得多的价格。如果一家大公司被接管，溢价可能是20％。对小公司来说，我们曾见过50％、60％，甚至100％的溢价。

2012年8月，我们关注的距美国路易斯安那州首府巴吞鲁日有一段距离的肖氏集团（Shaw Group，SHAW），被另一家工程和建筑企业CB&I公司（CBI）收购了。肖氏集团股票的交易价格是每股28美元，CB&I公司出价每股48美元：溢价72％。几个月之后，位于新奥尔良的麦克莫兰勘探公司（McMoRan Exploration，MMR）被其之前的母公司弗里波特麦克莫兰（Freeport McMoRan，FCX），以几乎其收购前的公布价格的两倍收购了。

这些小盘的"被忽视的股票"并不总是有利可图，当市场恍然大悟时，即使好股票的价格也会下跌。但是，人性和经济规律最后还是会胜出，很多人还是会去寻找这类股票。

第 2 章

放下面子来选股

从典当行到防治虫害,到便利店,再到殡葬服务,我们在鸡尾酒会上羞于谈论的生意却可能是极好的投资。

比如,人们喜欢夸耀对正在开发最前沿的新奇技术的公司的投资。这些公司是有吸引力,无疑也会改变我们的生活方式,但是,它们不一定是你的投资方向。空中旅行确实让世界更加美好,但航空业的投资却很糟糕,以至于沃伦·巴菲特曾经抱怨说:"富有远见的资本家会在奥威尔·莱特*试

---

* 奥威尔·莱特是发明飞机的莱特兄弟之一。——译者注

飞'小鹰号'飞机的时候把他当场击落!"

投资者应该盯着那些正在以有吸引力的价格出售股票、有好的资产负债表、有盈利能力且管理精良的公司。通常,买得最好并让你赚到最多钱的正是那些在酒会上不会招来其他人惊叹和羡慕的公司的股票。

➤ 典当:不够体面但相当赚钱

典当可能是世上第二古老的职业,位于得克萨斯州的沃思堡市附近的现金美国国际(Cash America International,CSH)有大约 900 家店铺,是最大和最古老的上市典当行(见图 2—1)。典当行也许听起来不够体面,但是,事情的真相是,这一行相当赚钱而且不会消失。美国有 8 000 万人没有银行账户(或者用我喜欢的"尚未开户"的说法)。通常,这些人像使用 ATM 机一样使用典当行。

比方说我有一支小号,这个二手的乐器可能值 100 美元。如果我把它拿到典当行去,我可能会为此而得到 50 美元的现金。典当行持有我的小号最多 90 天,在那之后,典当行就可以把它卖掉。

数学来了。如果我在一个月之后将其赎回,这会花费我 60 美元,两个月之后是 70 美元,三个月之后是 80 美元。我很

	证券名称	货币	价格变动	总收益率	差数	年化收益率
1	标普500指数	美元	14.20%	16.41%	-0.97%	20.24%
2	现金美国国际	美元	17.10%	17.38%		21.45%

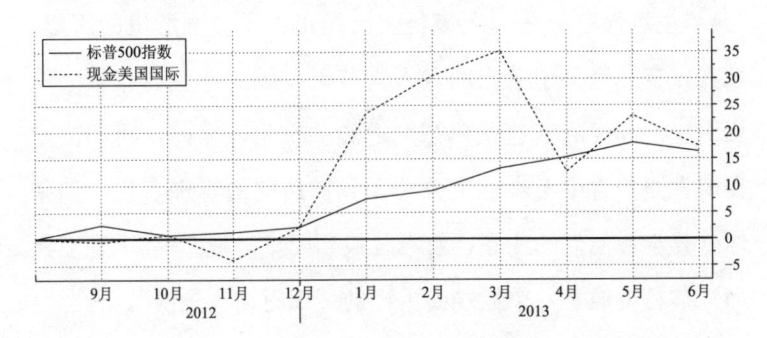

图2—1 标普500指数 vs. 现金美国国际

惊讶地获悉，所有典当物品中的70%都在90天的窗口期内被所有者赎回了。

这种每月大约20%的利率对商人来说简直太棒了。对顾客来说则是一个非常高的利率，但这可能是他们得到贷款唯一的方法。

现金美国国际的发展是一个有趣的成长故事，但这种成长并不是毫无挑战。这是一个竞争非常激烈的商业领域。最近的黄金高价对生意很有利，但也创造出很多新的家庭式的竞争者。"这太不可思议了，"一位经理笑着描绘了他开车经过一家围巾店时，店前有一个招牌上写着"收购黄金"。这方面业务的竞争者是"突然冒出来的"。

现金美国国际是由杰克·多尔蒂于1983年创办的，杰

经验值为 0 如何选出大牛股

克·多尔蒂曾是从事石油服务的商人，在石油行业不景气的时候开始寻找其他项目。他之所以选择典当业，如其所说，"典当生意没有干井*。"该行业已经走出了金融危机的阴影。现在，有几个关于典当的真人秀节目。我的学生喜欢像《典当明星》和《阿卡迪亚典当》之类的节目，因此，我们决定在博肯路报告中考察这类公司。我们访问的管理者说，如果你打算学习他们的业务，看看《典当明星》吧。《阿卡迪亚典当》节目更像是一个低端而古怪的"旧时街头表演"。

现金美国国际采取了一种规模较小、风格独特的家庭式经营的商业类型，其模式不仅在全美，而且在全球被复制，通过快速收购瑞典、英国和墨西哥的店铺而得以发展。在2006年的时候他们收购了ENOVA金融，并创建了一个基于互联网的从事小额网络贷款的部门。现在，公司的业务大约是老式当铺和ENOVA网贷各占一半。ENOVA部门也许不及典当部门的名声响亮，但却表现出更高的利润率和收益增长。

他们还以很多其他聪明的方式利用技术：首先，通过在网上销售绝当物品，这通常比你走进附近的典当行能带来更多的选择。如果一家店铺接受了一个像镶嵌着钻石的艾维斯半身像那样的东西，他们可以在eBay网站上卖给出价高的

---

* 干井指不成功的商业冒险，尤指不产油的石油探井。——译者注

人,而不用让它躺在仓库里直到某个热爱艾维斯的独特顾客进门。他们还在尝试创新,装备像你在干洗店看到的那种自动传送机和存储设备。这看起来相当酷。

每家店铺都很独特。我们参观了几家,显然是经理们在负责打理,他们对自己所从事的工作十分用心,感觉好像他们在帮助顾客。每家店铺都必须由了解当地市场和熟悉这一受到最严格监管的行业规则的人来管理,因为各州的规定千差万别。

▶ 虫害防治:不愿夸耀但相当稳定

另一个你也许在鸡尾酒会上不愿夸耀的有利可图的行业是虫害防治业。这是一种相当稳定的生意——针对蟑螂、白蚁和老鼠。我们跟踪了罗林斯公司(Rollins Inc.,ROL,见图2—2),该公司拥有世界上最大的白蚁和虫害防治企业奥尔金,其总部位于亚特兰大。每个人都知道"奥尔金人",但是很多投资者几乎不知道这是一家上市公司。参与博肯路报告的学生们是跟踪该公司的极少数团队之一。

路易斯安那州的湿热天气使其成为昆虫的天堂。当学生们和我告诉奥尔金的工作人员我们从哪里来的时候,他们的眼睛都亮了。我能看出他们在想什么——要是整个国家都像

经验值为 0 如何选出大牛股

路易斯安那那样"到处是昆虫",那么他们公司的股票就会成为一个大盘股!

	证券名称	货币	价格变动	总收益率	差数	年化收益率
1	标普 500 指数	美元	82.57%	127.51%	−366.35%	8.14%
2	罗林斯公司	美元	415.20%	493.86%		18.49%

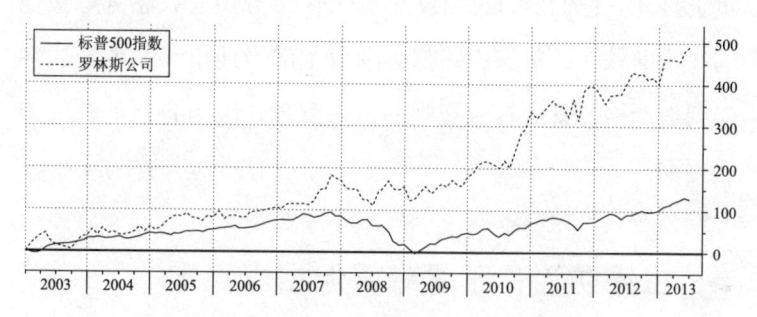

图 2—2 标普 500 指数 vs. 罗林斯公司

大部分人都是从他们的住宅虫害防治事务中知道奥尔金的。这是个有利可图但也高度分割的行业,到处都有很多小的从业者。他们还从事"稳定的"商业虫害防治业务,这就意味着他们的客户忠诚度很高,这些顾客冒险尝试与新的杀虫公司合作可能会付出巨大代价。如果食客们看到一只虫子爬过餐厅的地板,他们就再也不会来用餐了。

虽然罗林斯的收入在稳步增长并可预测,但他们也会不时地受益于"标题党",比方说那些关于臭虫的标题。臭虫目前是一个全国性的难题,处理它们花费很高,尤其是在旅馆业。我自己的除虫师告诉我,当他旅行时会把自己的行李放

第 2 章　放下面子来选股

到浴缸里，以避免把小生物随身带回家。

当我指定公司让我的学生去调查的时候，他们有时候会觉得失望。他们害怕去纽约并告诉大型投资银行那些气势十足的雇员，"嗯，这是我写的关于罗林斯的报告。他们是一家杀虫公司。"他们觉得自己会被嘲笑。但是对于桌子另一端的家伙来说正好相反，没有什么比一家他不知道的、有利可图的、快速成长中的上市公司更让他感兴趣的了。

一家杀虫公司听起来有点让人难以提起兴趣，正因为如此，个人投资者很可能在其股票上得到折扣。罗林斯是你可以投资的唯一"只专注于该业务"的全国性杀虫连锁公司，是一家管理非常优秀、市值极为诱人的公司，还拥有相当不错的培训计划，尤其是在住宅杀虫方面。不可避免的是，公司的一批人会离开公司并开展自己的业务，因此，罗林斯是在培训自己的竞争对手——这正是他们不得不应对的事情。

罗林斯需要找到看起来相貌堂堂、足够值得信任从而使客户可以放心让其穿堂入室喷洒杀虫药物，并且之后还会到你的地下室捕捉老鼠的人，你并不总能在同一个人身上发现所有这些品质。但是，他们发现退伍军人在这方面表现非常突出。

我的学生喜欢实地考察。在罗林斯，他们不仅花费几个小时会晤公司的管理层，而且还亲身试用培训设施。培训设施是一栋从中间隔开的房子，从而所有行动空间都是可见的，以便模拟消灭害虫。

罗林斯家族拥有罗林斯公司55％的股份。虽然这些股份是公司"全部发行在外股份"的一部分，但这些股票一般并不出售，并未包含在公司的"漂浮"股份中。这打消了很多投资者的热情，但不包括我们。作为分析师，我们欢迎家族/管理层持有大量头寸。这帮人比你更希望股价上涨。

➤ 便利店：不起眼但无处不在

便利店无处不在。我经常外出，且经常去便利店。但是，直到我来到苏瑟尔控股公司（Susser Holdings，SUSS，见图2—3）之前，我从未将便利店视为可投资的上市企业。

总部位于得克萨斯州沿岸的苏瑟尔控股公司在得克萨斯州、俄克拉何马州和新墨西哥州拥有并经营着超过550家便利店。这是一个关于锐意进取的企业家精神的传奇故事。公司创始于20世纪30年代的尘暴干旱区时期，并于2006年成为一家上市公司。由于便利店是以"Stripes"品牌经营的，因此，即便忠诚的顾客或许也从来没有听说过苏瑟尔股票。

第 2 章 放下面子来选股

	证券名称	货币	价格变动	总收益率	差数	年化收益率
1	标普 500 指数	美元	57.38%	70.92%	−260.04%	15.03%
2	苏瑟尔控股	美元	330.96%	330.96%		46.47%

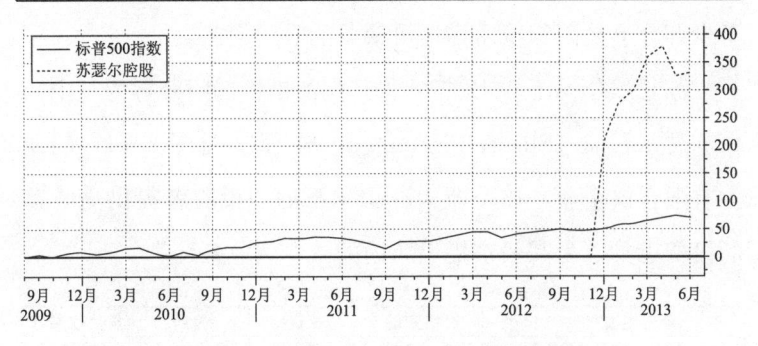

图 2—3 标普 500 指数 vs. 苏瑟尔控股

苏瑟尔实现了同一家便利店连续 24 年的商品销售增长，这是一个大部分零售商都梦寐以求的纪录。其大约一半的便利店内部都有拉雷多塔可快餐*。我想我的一些学生也许会不太愿意在便利店就餐，但是他们都喜欢在考察这家公司时现场享用的墨西哥风味饮食。

当开始做分析的时候我们立刻就意识到，苏瑟尔实际上是在"一店两用"，店外出售汽油，店内出售杂货。

汽油销售通常具有相当的可预测性，并提供了稳定的现金流。在大部分便利店中，店内的生意会时有波动，但利润率更高。通常，当汽油价格上涨时，店内的销售额会变低。

---

* 一家售卖墨西哥风味快餐的连锁店。——译者注

但是，很多分析师还没有认识到，苏瑟尔的表现是该行业中独一无二的：三分之二的店内顾客交易与汽油销售无关。这至少部分上是因为拉雷多塔可快餐的吸引力。

苏瑟尔公司于2012年秋将其汽油销售部门分拆为一个叫作苏瑟尔石油（Susser Petroleum，SUSP，见图2—4）的业主有限合伙企业，该企业为苏瑟尔石油的投资者提供高收益的投资工具，为其股东提供店内的"专门业务"。

	证券名称	货币	价格变动	总收益率	差数	年化收益率
1	标普500指数	美元	11.50%	13.48%	−12.51%	18.42%
2	苏瑟尔石油	美元	22.13%	25.99%		36.19%

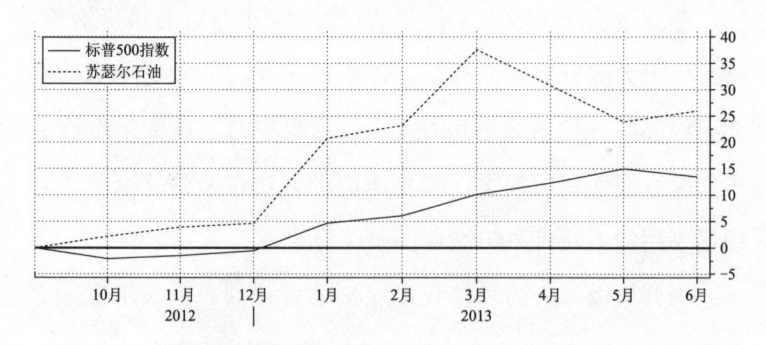

图2—4　标普500指数 vs. 苏瑟尔石油

▶ 殡葬：生意好极了

最后，新奥尔良地区最成功的企业之一是斯图亚特企业[①] （Stewart Enterprises，STEI，见图 2—5），他们是全国第二大墓穴和墓地供应商。正如来自该行业的一个人曾告诉我的："生意好极了。今年死的人以前从未死过！"

	证券名称	货币	价格变动	总收益率	差数	年化收益率
1	标普 500 指数	美元	246.51%	412.19%	318.07%	8.58%
2	斯图亚特企业	美元	60.29%	94.12%		3.40%

图 2—5　标普 500 指数 vs. 斯图亚特企业

我们已经跟踪该公司若干年了。这是一家稳健的、管理精良的公司，有着具有吸引力的利润率和可预测的需求，甚至在"婴儿潮"时期也表现不错。其他投资者可能会被吸引到医药公司或养老院行业中来，但是我就认准了殡葬业。随着该行业的不断整合，斯图亚特企业还有很多可观的并购机会。几年前快速的合并步伐吸引了"投机者"涌入该行业，

[①] 在本书出版发行之际（2014 年），斯图亚特企业被国际服务公司以大约 35% 的溢价收购了，比其过去六个月的平均每日收盘价高出大约 50%。

让基础股东变得更加关注股价短期波动。我记得另一位 CEO 惋惜他公司的股票"过去一直被靠谱的投资人所持有",而如今持有他们股票的是"一群穿紧身衣的暴发户!"

现在,斯图亚特企业的兼并和收购脚步已经放缓,开始步入稳扎稳打的"有机增长"阶段。在参观他们在当地的一块地上墓地(由于新奥尔良的高水位,我们就是这么做的)时,一位公司雇员开玩笑说,"我是最后一个放下你的人!"殡葬业的幽默就是这么直白。

我认为人们只投资于值得夸耀的公司是错误的。我注意到,当在聚会上告诉某个人我和我的学生正在关注的股票时,他们通常的反应是"我要去加点饮料,马上回来",之后一去不返。对于我们中那些知道看上去缺乏魅力的股票有时候会带来魅力十足的利润的人来说,这种"避而远之"很可能是一个好迹象。

第 3 章

投资那些向淘金者卖铲子的人

我总是喜欢在我的股票组合里放入几个长线主题。跟随趋势会有所回报。你经常会发现在趋势中处于独一无二地位的一两家小盘股公司能从中受益。我常听到的两个发展趋势是未来天然气使用量的激增（主要是作为主要的燃料来源以替代煤炭）以及居民们反对化工厂、炼油厂和其他工厂建在他们镇上。已经发现的因这一背景而出现获利机会的企业是卡波陶瓷（CARBO Ceramics，CRR）和提姆公司（Team Inc.，TISI）。

经验值为 0 如何选出大牛股

卡波陶瓷生产能提高天然气井生产率的陶瓷珠子（或叫支撑剂），提姆公司派遣非常专业化的维修人员修复和更新全美范围内迅速老化的工业工厂。你也许注意到了我们并没有盲目选择更为显眼的目标。例如天然气行业的火爆（虽然"火爆"在易燃能源行业不是一个受欢迎的词汇）也许表明应该投资于天然气开采业，老化的工业建筑群也许提示你应该投资于新工业设施建造业。

随着时间的推移，我发现投资者把宝押在为这些行业提供服务的公司上通常可以得到更高的回报。在加利福尼亚淘金潮期间，真正富起来的并没有多少矿主，相反，供应镐、铲和蓝色牛仔服的那群人收益颇丰。

我认为科技股也面临这种情况。在博肯路报告中，我们从未跟踪过一只真正的科技股，相反聚焦于会从这些技术突破中受益的公司和行业。我总是认为，理解一家高科技公司对个人投资者而言过于艰难。你在上床睡觉的时候持有一家拥有最新技术看来前途光明的公司股票，而在醒来的时候却发现他们的主要产品都已经过时了，因为另外两个小伙子在车库之类的地方发明了更好的东西。

第 3 章　投资那些向淘金者卖铲子的人

➤ 因页岩开采受益的卡波陶瓷

几年前沿 61 号高速公路开车穿越路易斯安那州的凯郡的时候，路过一片片沼泽地和甘蔗园，看见几幅画着巨大海鲜盘子以及提供人身伤害律师服务的广告牌，我突然想到了一个股票投资的主意。

当时是我和几个学生到我们跟踪的一家企业进行实地参观，该企业位于凯郡县的中心。坐在我旁边的是一位在职的MBA 学生，他碰巧是一家大型能源公司的工程师。他接了一个电话，用委婉的说法是，打电话的人有点乱了方寸，我隔着听筒都能听到他在疯狂地大声喊叫。我的学生也在大声回敬，听起来好像是"汽化它！汽化它！"

等他挂了电话之后，我不得不问他刚才是否在跟某个疯子讲话，事实并非如此。不过打电话的人手头的确有些紧急的事情。他一直在监视一种断层操作，通过断层汲取从几千英尺深的地下喷发出来的天然气。然而裂缝开始闭合，威胁到他们几个月的工作成果和相当大的投资。

我的学生命令他的团队用卡波陶瓷"支撑剂"——进入最深的裂口来将其撑开的微小、结实到令人难以置信地步的陶瓷珠子，让石油和天然气涌到地面。这就是液压破碎法的

经验值为 0 如何选出大牛股

原理。

当你钻探一口油井时，你其实是在破开地球，并让已经沉积了数百万年的石油和天然气喷射出来。为了得到持续流动的空间，你需要"撑开它"。与此同时，大地母亲会在你刚撬开岩层的时候就闭合开口。这样说吧，如果你在一间地板和天花板叠加在一起的屋子里（这基本上就是地下岩层的情况），最好的方法是用大量保龄球来填满房间，这会让地板和天花板分开。此刻空气可以流通，因为球体会在它们之间留下空间。这就是油田支撑剂所起的作用。它们是非常小的（比 BB 弹小多了）接近完美的球体。这些创新性的支撑剂现在是油气行业必不可少的。而在当时，它们尚不为大众所知——除了少数钻探专家。

很久以前，我们就将卡波陶瓷加入博肯路报告所涵盖的领域内（见图 3—1）。自那时起，其股价已经从每股 20 美元攀升到接近每股 180 美元。卡波陶瓷已经成为博肯路报告的广告代言人——没有家喻户晓的名字，但恰好在聪明的个人投资者可以触及的范围之内。接着，因为天然气价格暴跌以及对液压破碎法影响环境的担忧，他们在 2010 年损失了几乎三分之二的市值。

现在，它的股价又开始上涨。这是非同寻常的，因为投资者是在这儿做第二次尝试。

第3章 投资那些向淘金者卖铲子的人

	证券名称	货币	价格变动	总收益率	差数	年化收益率
1	标普500指数	美元	82.57%	127.51%	−108.97%	8.14%
2	卡波陶瓷	美元	200.13%	236.48%		12.25%

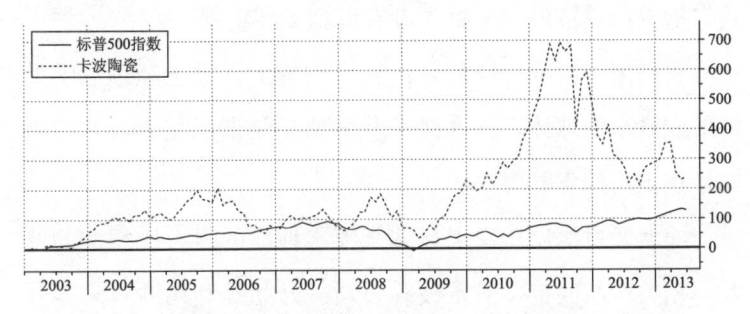

图3—1　标普500指数 vs. 卡波陶瓷

我们对卡波陶瓷的初次拜访被安排在他们的工厂，工厂位于路易斯安那州的新伊比利亚——一个建在巨大盐丘上的城镇（距离美国的战略石油储备基地不远），且是著名的塔巴斯科辣椒酱的产地。卡波陶瓷是世界上最大的陶瓷支撑剂制造商。

油田的白天开始得非常非常早。在早晨8点钟的时候，我们在满是碎石的停车场跌跌撞撞地走下汽车去会见工厂的经理和工人，而他们很可能从早晨6点钟起就已经等在那儿了。

当然，大学生的作息表是非常不同的（"里奇乌蒂教授，我一天很少经历两个八点！"）。一旦你把我的学生放在路上，有人会认为他们在参演电影《生死狂澜》。我们是在秋季做的这次参访，此时，路易斯安那收割完毕的甘蔗田正被焚烧，以为下一个播种季清理遗留在地里的残茎。我们在燃烧的乡间驱车前进,穿过巨大的橙色火焰和滚滚黑烟。毋庸讳言,我们拖着的成堆的年度报告没有得到太多重视。

我们来考察的支撑剂是由黏土制成的。黏土经过化学处理形成微小的球体,并在海绵状的窑中烧制。接着,它们被储存在工厂的青贮窖中。

随着通过深层压裂来让油气喷出地面的岩石压裂法的普及,相关产品问世。液压破碎公司一开始是利用砂石来撑开裂缝,但陶瓷支撑剂为石油或天然气的流动打开了更多的空间。随着时间的推移,砂石破裂,开口收缩,油气的流动放缓。而支撑剂可以使裂缝打开的时间更长,因为它们的硬度更大:一个学生一口咬下几个支撑剂颗粒,好奇它们到底有多硬。这可不是个好主意,除非你想带着有裂缝的臼齿去看牙医。

看起来沙子是一种更有竞争力的材料,并且拥有巨大的优势——基本上是免费的。因此当时没有人关注该公司。我还记得找过十几个专业投资者来探讨卡波陶瓷,他们对前景表示怀疑。"那是与沙子竞争的东西!"他们说,"祝它好运!"

这个公司花了一段时间才变得受欢迎。事实证明一开始他们的销售人员找错了推销对象。把支撑物注入洞孔中的公司对此并不关心,因为当最初开发出这项技术之时,免费的沙子用起来照样很好，只是需要花费的时间更长，支撑的效果也没有那么好。但是，能源公司（实际拥有这些油田）的财务人员迅速发现该产品具备改善现金流的好处。卡波陶瓷公司的人说，当他们将装满陶瓷支撑剂的驳船发往沙特阿拉伯的时候，终于意识到自己的确成功了。

另一个问题与专利有关，包括那些关于这些微小支撑剂的一系列专利期满了。然而卡波陶瓷的工程师非常聪明，在专利微调方面成绩斐然，且不断改进产品及其表现以使钻探者花钱购买的最新产品物有所值。

我还发现，小公司尤其喜欢采用新技术的发展成果。这也是我关注小盘股的另一个原因。

天然气价格最近因供过于求而有所下降，这意味着接下来一段时间开采天然气的公司会比较少。从历史经验来看，国内天然气生产的经济规律会使得价格免于自由落体般地下降。当价格下降时，大量钻井被废弃，供给收缩，形成一种"民间OPEC效应"。但是，页岩层太大了，关闭油气泵会对油田造成永久性的伤害，因此，即使不划算，他们也会继续生产，提供更多的产能。

关于液压破碎法的环境问题也引发了担忧。然而，我认为液压破碎法被取缔的可能性微乎其微。因为大量的天然气会因液压破碎法而得以开采，使得世界能源市场格局发生改

经验值为 0 如何选出大牛股

变:让美国真正地实现能源自主,在制造成本方面赋予其巨大的优势,甚至改变他们的外交政策。与石油那样在全球范围内按大致相同的价格出售不同,把天然气运往国外非常困难且代价高昂,因此,天然气基本上是在其产地消费。当前,欧洲的天然气价格是美国的两倍,亚洲的天然气价格是美国的四倍。虽然液压破碎法必须以一种负责任的方式不断加以改进,但是,我认为它会继续前行。

对能源股票投资者的提示:由于地理位置因素,我的学生们跟踪的公司中有大约 1/3 是在能源行业。但是,你们应该注意,这一行业具有令人难以置信的周期性。不要被"我们永远需要能源"所蛊惑,这一行业的经济规律可以在一夜之间发生变化。我是 1983 年搬到路易斯安那的,在我到来后不久,这里的能源行业就崩溃了。这是我曾经目睹的最为糟糕的经济下滑。失业率飙升,企业倒闭,人们陆续离开这里。在拉法叶特郡(该州的能源中心),因为有太多的人要离开,以至于搬家公司不得不另外雇人开卡车。我妻子给我讲了一个故事,当时商会试图通过树立一块写着"我相信拉法叶特郡"(I Believe in Lafayette)的广告牌来提振士气,几天之后,当地电台的主持人开始将那个广告读作"我就要离开拉法叶特郡"(I Be Leaving Lafayette)。

但是,毫无疑问,这座城市已经重归繁荣。现在,随着路易斯安那州经济强劲发展的带动，拉法叶特地区到处弥漫着乐观氛围，工作机会无处不在。

▶ 为化工和炼油设备提供维修的提姆公司

你知道美国自 1976 年以来再没有新建一座炼油厂吗？你知道个中缘由吗？其原因基本上是：

- NIMBY（Not In My Back Yard）——不要建在我的后院。
- 或 BANANA（Build Absolutely Nothing Anywhere Near Anything）——在任何地方附近什么都不要建。
- 或我最喜欢的，NOPE（Not On Planet Earth）——不要建在地球上。

结果是，工厂和炼油厂——没有人喜欢出现在他们附近任何地方的两个事物——越来越老化，而随着它们日渐老化，便需要更多的维护和维修。提姆公司（TISI）致力于解决这一问题。

关于这类维护的一系列趋势是：首先，化工和石油公司宁可将大部分业务外包，让员工不出现在他们的工资册上。他们不想在不必要的时候支付养老金或薪水。

其次，他们更愿意只与全美国范围内的一家公司打交道，提姆公司正是这样一家全国性的公司。与此同时，该公司只占市场份额的20%——从而有足够大的成长空间，如图3—2所示。

	证券名称	货币	价格变动	总收益率	差数	年化收益率
1	标普500指数	美元	13.25%	30.43%	−86.91%	4.17%
2	提姆公司	美元	117.34%	117.34%		12.68%

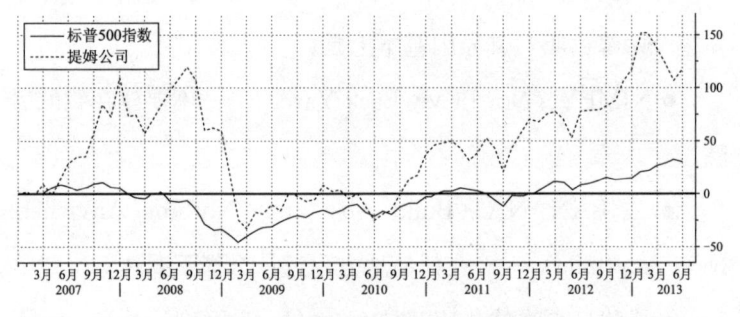

图3—2 标普500指数 vs. 提姆公司

化工厂和炼油厂会因维护而定期停产，这就为提姆公司提供了一项稳定且可预测的业务流。但是，提姆公司因加热放气孔钻开而闻名。如果发现了一个裂缝，他们在无须关闭设备的情况下解决问题。这种技术被称为加热放气孔钻开（而传统的冷却放气孔钻开的做法则需要停工修复），这些构成了提姆公司6%的业务。

加热放气孔钻开是一桩大生意，因为关闭和启动设施会导致数百万美元的损失。这类紧急事态一般"价格敏感度"较低，所以利润不错。你要么立即修复它，要么让糟糕的事

第 3 章 投资那些向淘金者卖铲子的人

情发生。提姆公司的工人告诉我,"当我们到达维修现场的时候,常常在楼梯上就会遇见某人对我们大喊,'是左边第二个门!……'"

提姆公司提供一些全美国范围内最好的培训,这类工作需要的是非常特殊类型的人才。如果我房间里的电话在半夜响起来,我会本能地拉上被子把头蒙住,但是提姆公司的专家则会跳下床准备出发。就个人而言,我并不擅长这个。幸好世界上有那么多不同类型的人。

提姆公司位于得克萨斯州的埃尔文郊外(公司总部最近搬到了得克萨斯州的舒格兰),并由一个名叫菲利普·霍克的聪明的家伙经营,这个人在声名远播的咨询公司麦肯锡供职多年。虽然提姆公司位于某处毫不起眼的建筑物中,却常常能干出些大事,因为经理们富有创新精神并拥有足以让水沸腾的智商。

提姆公司一开始并不是经营化工和炼油设备的维护和修理业务的。他们曾屡遭失败(他们称之为长达 10 年的艰难探索期),一度从事割除得克萨斯州境内所有州际高速公路杂草的业务,但也没有赚到很多钱。他们一开始磕磕绊绊,但现在找到了一个非常有吸引力的商业模式。

我们自 2005 年初以来一直在撰写关于提姆公司的报告,但在过去的几年中,他们既扩展了产品线,也扩展了服务的行业。提姆公司现在为若干行业提供服务，包括：航空、发电、食品和饮料生产。所有这些都需要一定的荣誉感和自信心，而得克萨斯不缺荣誉感和自信心。

我之所以知道这些，是因为我所在的路易斯安那州与得克萨斯州毗邻，而且存在一种爱恨交织的感情，或者说竞争对手关系。得克萨斯人有些自负，路易斯安那人则拥有真正谦逊的阿卡迪亚文化。

有一个路易斯安那农夫遇到一个得克萨斯农夫的古老故事是这样的……

> 路易斯安那农夫："你在得克萨斯的地盘有多大？"
>
> 得克萨斯农夫："我坐上拖拉机，花了一整天的时间才到达我地盘的边界。"
>
> 路易斯安那农夫："哎呀，我也有过一台那样的拖拉机。"

明白了吧？他们是非常不同的人！

第 4 章

抓住回购的投资机会

▶ 社区银行：注重信息和关系

如果你成长于某个小城镇，那么你应该听说过泰克控股公司（Teche Holdings，TSH，见图4—1）。

我妻子的家庭来自阿卡迪亚——讲法语的农夫和渔夫定居的地方。在那儿我注意到有很多泰克联邦银行的广告牌，这个银行是以美丽的泰克海湾命名的。一回到家，我立刻冲到电脑前查询，得知这是一家上市公司。当时，我们正在为研究计划博肯路报告寻找关注对象，于是我就给这家银行的接待员打了电话并告诉了她我的想法，以为她会给银行的 CEO 或 CFO 留个口信，接着我们的人就可以去找他们谈谈，等等。

没想到，她直接把我的电话转给了 CEO，于是，我不得不赶紧整理思路。这就叫作"有效率"。

	证券名称	货币	价格变动	总收益率	差数	年化收益率
1	标普 500 指数	美元	21.65%	58.61%	−285.45%	3.39%
2	泰克控股公司	美元	182.41%	344.06%		11.38%

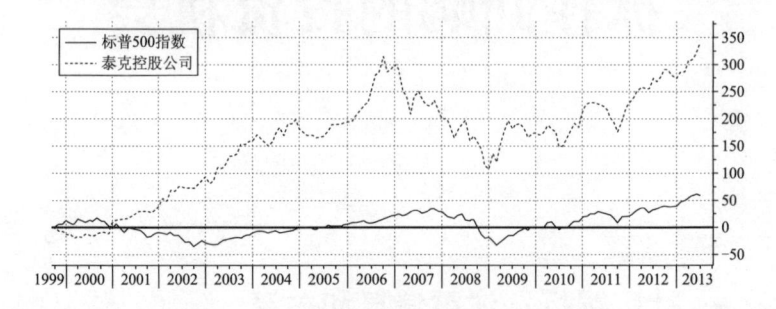

图 4—1　标普 500 指数 vs. 泰克控股公司

1999 年秋，我和一群学生造访了位于路易斯安那州新伊比利亚的泰克控股公司的总部。为了去那里，我们花了好长时间，在路上有一辆学生驾驶的汽车的两个轮胎漏气了。这家银行创建于正处在深度大萧条中的 1934 年，银行的总部设在一栋不起眼的两层建筑物中。银行的秘书和出纳非常友善，所有人都称我们"先生"或"女士"。

第 4 章 抓住回购的投资机会

泰克控股公司并没有投资于金融衍生品或其他会惹火上身的证券交易,最大的业务是免费支票账户。在银行前门旁边放有一大堆电锅,开一个支票账户,你就可以拿走一个电锅作为赠品。

学生们对此表示怀疑。免费的支票账户?免费的赠品?也许他们曾听自己的祖父母谈论过这样的事情。杜兰大学的学生们都是聪明老练的一群人。我那一年带的学生都来自纽约,其中几个学生的父母正是大银行的经理,在高耸入云的摩天大楼办公。他们对这个已经落伍的地方有点儿不屑一顾。

谢天谢地,行长和 CEO 帕特里克·李韬以及母公司泰克控股公司的管理团队对我的学生们并没有摆出那种态度。他们也许比这些年轻人曾经遇到的任何人都聪明,却还是表现出南方式的彬彬有礼。

他们对自己的能力保持着真正的低调,并表现出令人难以置信的谦逊,但是我的学生们不久就意识到泰克银行了解自己的业务——正在赚钱,赚很多钱。

他们开始向学生们描述市场对象——他们是如何在农业、制糖业、水产业以及海洋石油行业工作的。那时候,你正在目睹着很多地方性银行被大的全国性银行所收购。小银行担心他们会被来自大城市的大银行彻底超越和消灭。

事实证明恰好相反。就在与他们的 CEO 一起愉快地站在泰克控股公司古色古香的大厅中，小口喝着免费咖啡并倾听他讲述银行的客户卖鱼发家的传奇故事之时，我们清楚地意识到，这里的乡下人并不想与大的、没有人情味的城市银行打交道。相反，随着附近小银行的成立，客户会将账户转移到像泰克银行这样的地方。

现在，大部分银行似乎都在极力阻止人们来大厅办业务。停车场的ATM机是免费的，大厅的营业时间是短的，银行里面的队伍是长的。但这样的情形不会在泰克银行出现。他们希望人们进来聊聊，这正是他们熟悉客户的方式，也正是他们知道谁打算扩大生意、谁准备购置新房的方式。正是这些信息和关系推动着泰克银行的信贷业务增长。

支票账户对客户完全是免费的，但是每一个支票账户都附带一张借记卡。当借记卡被使用时，银行可从商户处得到一笔小小的收入。正如CEO李韬所说的，"我们有很多账户，但从每个账户中只赚一点点。"我的学生们都是研究生，他们也曾学过一些相当复杂的计算收入和比率等数据的公式。但李韬非常耐心地解释，仿佛正在辅导一个三年级的学生："让我给你们算笔账，一个小的数……乘以一个大的数……等于一个更大的数。"

学生们从各地来到杜兰大学——我们大约75%的学生来自距学校500英里之外的地方——于是，我们穿越南方乡村

第 4 章　抓住回购的投资机会

的旅途对他们而言的确是奇妙的。这些学生经常对他们遇到的公司管理层的能力感到吃惊。由于像《沼泽人类》和《鸭子王朝》那样的电视节目的流行，他们与学生们预期会见到的人物大相径庭。

▶ 估值过低引发回购

泰克控股公司继续成长，已经拥有了 70 000 名客户和 20 个分支机构，在总部位于路易斯安那州的上市银行中排名第四，资产总额超过 8.39 亿美元。他们的股票表现如何呢？自从我们开始关注该公司以来已经上涨了 350%，同时还支付着大额且保持增长的股息。股息的增长不仅对股东是一项福利，而且向董事会发出了应该对公司的未来抱有信心的信号。

每股收益推升公司价值，泰克控股公司的这一数字一直在上升。当一家公司赚取的利润高于其支付的股息时，公司的股东权益会上升。随着时间的推移，市场会对此予以认可并进一步推升股价。我们的学生花费了很多时间来试图理解和预测盈余。当你在审视一家公司的股票时，盈余是关键因素。原谅那些移居路易斯安那的法国人后裔吧，他们的公司其他方面（非盈余信息）基本上就像脱衣舞夜总会的自助餐一样棒。

经验值为0如何选出大牛股

经营公司的那些人——董事会以及通常包括CEO、CFO等在内的"C系列"管理者——比其他任何人都更为了解公司当前的情况和未来的前景。对泰克银行而言，这些人让公司持续地、大量地回购自己的股票。

泰克控股公司拥有大约200万股的股票，只有大约125万股流通在外——也就是公众可以购买的股份数——而75万股由企业内部人持有。2013年5月，他们宣布了回购高达3%的公司普通股的计划——大约6万股。在大概每股42美元的时候，股票以稍微低于其账面价值的价格出售并支付了3%的股息。自1995年上市以来，泰克控股公司已经回购了大约56%的发行在外的股份。

随着公司回购的股票越来越多，在公开市场上交易的股票越来越少。于是，盈利被更少数量的股份数（在分母上）所除，十分重要的每股盈余随即上升。更高的每股盈利（EPS）对更高的股价大有裨益。

股票回购的批评者认为，这一行动会发出公司缺乏增长机会的信号。但是正如你在下面可以看到的，股份回购目前是一种非常流行的公司战略：

  美国上市公司的股票回购

  2009年：1 400亿美元

  2010年：2 990亿美元

第 4 章　抓住回购的投资机会

2011 年：3 900 亿美元

2012 年：3 500 亿美元

于是，从 2009 年到 2012 年，有令人难以置信的高达 1.2 万亿美元的股票被公司回购，也就是说这些股票被从市场上买回了。

好好想想吧，这些上市公司可以用其额外的现金购买任何东西。他们可以买克鲁格金币，也可以买 IBM 的股票。但是，他们对自己的公司更了解，他们认为最好的花钱方式就是回购自己的股票。

一家公司通常是出于两个原因回购自己的股票。一个原因是他们手头的现金超过其投资所需，不知该用于何处，另一个原因是他们认为自己的股票太便宜。上市公司需要合理处置现金，否则的话就会有成为杠杆收购对象的风险。于是，股份回购日益成为消化大量现金的默认方法。回购自己股票的公司要展示的信息是他们认为股票的价值被投资者低估。这就像向华尔街大喊：如果你们不能对我们的公司做出正确的估值，我们就打算把我们的股票买回来！

当前，公司回购自己股票的步伐是如此之快，以至于市场实际上缺少成熟而优质的公司的股票。如我所说，如果股票价格不能上涨以反映其真实价值，那么就会出现股票短缺。

是的，像 Facebook 这样的新股发行有大量可供交易的股票，但是这些股票与泰克控股公司的不同。泰克是一个支付股息的股票，有着在起伏不定的市场中运营的经历。另一方面，如果一家公司正在增发新股，那么这就是公司管理层认为其股票正在以合理的价格（或者也许高估的价格）出售的一个信号。

▶ 跟着内部人买卖

我们在这里谈论的是，监督公司内部人为自己投资组合买卖股票时所发生的完全合法的内部交易。他们依赖的是对公众开放的信息。内部人何时可以买卖股票有很多限制，这些交易需要立即公开披露。看看这些人在做什么，如果他们正在买入公司的股票，这就表示对自己的公司很有信心，这对该股票是一个积极的信号。

从历史上看，内部人比外部人在买卖决策上做得更好是毫不奇怪的。我们在此将内部人定义为一家公司的高层管理人员、董事会成员，还包括大股东，总之就是那些可以轻易地让CEO来接听他们电话的人。

关注内部人应该知道的第一件事是：他们购买本公司的股票预示着股票会大幅上涨。我至今尚未看到在内部人大量购买股票之后公司随即发布破产公告的情况出现。这些人比

第 4 章 抓住回购的投资机会

任何其他人都更为了解公司的内部运作机制及前景。当他们正在购买股票的时候,就是该注意的时候了。用谷歌搜索关键词:股票代码+内部人交易,就会得到比你可能用得上的信息更多的资料。

另一方面,出售自己股份的内部人则并没有带出多少内部信息。购买股票的内部人只会因为一个原因这样做,即他认为股票价格会上涨。但是内部人出售股票的原因就有很多了——他们家可能正在购买一栋住房;管理者也许正在分散其投资组合;孩子的大学学费马上要付了;或者他们认为股票价格完全被高估了。作为一名外部投资者,你不可能知道这些。

通常,当一家公司在市场上非常"不受欢迎"时,你就会看到内部人介入并买进公司的股票。正当我写作本书的时候,我们的博肯路报告关注的公司之一,关键动力服务公司(Key Energy Services,KEG,见图 4—2)的股票正经历着被相当数量的内部人购买的情况。公司股票的市场价格明显低于账面价值,而公司是服务于石油和天然气行业的油井维修钻井架的主要拥有者和经营者。公司确实曾是一个落后者,但六位内部人在过去的数月间购买了总共超过 10 万股的股票。

经验值为 0 如何选出大牛股

	证券名称	货币	价格变动	总收益率	差数	年化收益率
1	标普 500 指数	美元	77.83%	96.51%	61.59%	16.22%
2	关键动力服务公司	美元	34.92%	34.92%		6.89%

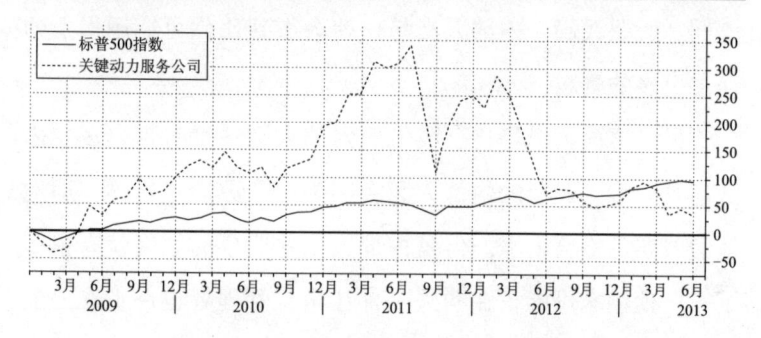

图 4—2　标普 500 指数 vs. 关键动力服务公司

当然,"内幕交易"是违法的,如果你并没有意识到这一点而又那样做的话,你就会在联邦监狱里玩哑铃的同时结交新的"朋友"。内幕交易指的是基于普通大众不可得的信息来买卖股票。远离这种行为,选择驶上美德的高速公路,那儿没有交通拥堵!

第 5 章

盯住那些一再让人失望的股票

用乡村音乐的行话来说,逆向投资是在寻找"失落的天使":曾经备受欢迎的股票却"不再被人喜欢"。这种方法的关键是要盯住那些一而再、再而三地令投资者感到失望直到人们不再给予关注的股票。

逆向投资者用崭新的眼光来评估当前的情况并超越过去而行动,这是我经常确实能发现价值的地方。逆向投资的本质会使一个人看起来像个异类,看起来好像有点不合群。

油气输送
——产业链最平淡之处重获生机

韦尔兄弟集团（Willbros Group，WG，见图5—1）可能是一个很好的例子，其股票价格在2009年的夏季达到40多美元，而四年之后却只有这一价格的大约20%。该公司创建于1908年，是一家总部位于休斯敦的全球性公司，负责设计和建造管线来将油气从生产地输送到炼油厂和终端用户，收购活动也将公司的业务范围扩展和分散到包括承包电力和天然气配送业务。

	证券名称	货币	价格变动	总收益率	差数	年化收益率
1	标普500指数	美元	32.54%	58.98%	132.34%	5.61%
2	韦尔兄弟集团	美元	−73.36%	−73.36%		−14.42%

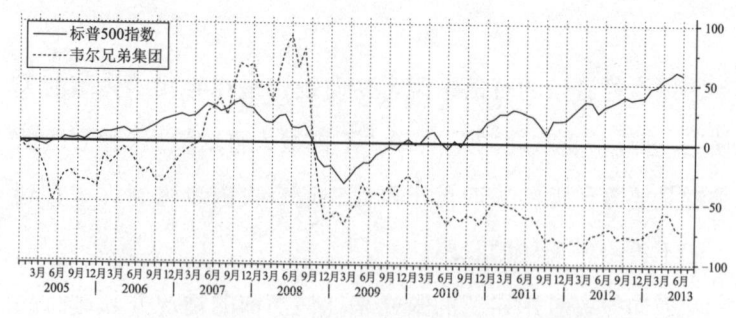

图5—1 标普500指数 vs. 韦尔兄弟集团

我是从我已故的岳父那儿了解到这家公司的，我的岳父

第 5 章　盯住那些一再让人失望的股票

曾是路易斯安那州的一个道路承建商。我跟他聊到过修建道路面临的所有困难和挑战，话题之一便是管线。在地面之下，路易斯安那州就像一盘意大利式细面条，无处不在的管线在油田、炼油厂和最终用户中进出。

我认为这看起来像是大部分投资者会忽视的那类行业，因为发现油田和天然气才是最拉风的部分。你会在一个鸡尾酒会上大开玩笑，谈论着大规模的石油罢工，但没有人曾谈及该行业的中游部分，即把油气从 A 点输送到 B 点。

在对该公司进行的初步研究中，我对他们用"聪明猪"来检测管道系统中的裂缝和堵塞倍感惊奇。"聪明猪"是穿过管道来对所发现的问题"发出长而尖的叫声"的电子检查装置。我喜欢这个名字。

韦尔兄弟集团自身存在一些问题。一是，他们因为在西非一些可疑的交易而受到指控。我并不是说这没问题，但很多能源公司都有过同样的遭遇。坦白地说，那里就像我们的狂野西部。你想钻探吗？你希望你的工作人员能完整地归来吗？这通常需要付出现金、酒精，有时甚至是母羊之类的报酬。如果你在等待美国的法律体系来帮助你脱离困境，那就慢慢等吧。

二是，他们在哥伦比亚和其他充斥着内战和冲突的国家建造管道。虽然这些合同回报丰厚，但合同的完成总会因为一个长期存在的问题而被拖延——叛乱分子经常破坏一些新建的管道。

现任 CEO 兰迪·哈尔在其 2006 年上任的第一个月就曾遭遇九名雇员被绑架的难题，员工从在尼日利亚的拉沃斯河上施工的一艘驳船上被劫走。在与 MEND（尼日尔三角洲解放运动）组织进行了 42 天的紧张交涉之后，所有九名雇员均被安全释放，但是他们在尼日利亚的业务实际上已经结束了。

在那件事过去数年之后，他们领悟了很多，迫不及待地要重返美国。如今，韦尔兄弟集团的全部业务都集中于北美地区。

时机代表一切。石油和天然气领域的新技术和新发现为美国的能源行业创造了前所未有的发展势头。这种振兴时常在以往并没有钻探工人出现的地方发生。在像宾夕法尼亚州、俄亥俄州、纽约州和北达科他州这些地方，已经出现新的日渐繁荣的市镇。我们从《华尔街日报》上了解到这些地方住房短缺，是"男人集中营"，脱衣舞表演者会获得相当于在拉斯维加斯五倍的服务费。

报纸的头条聚焦在农场主和其他土地所有者的一夜暴富和时而出现的炫耀性消费（如一位朋友曾向我描述的，"表带像面包圈一样粗的劳力士手表！"）上，但是这里实际的投资机会属于那些设法把能源输送到需要的地方去的公司。不像

第 5 章　盯住那些一再让人失望的股票

诸如得克萨斯州和路易斯安那州之类的传统能源州，这些新的能源发现通常需要数百英里的管道来将其连接到现有管网和输送到海滨炼油厂。这也许听起来像是整个产业链中最为平淡无奇的部分，但是猜测一下没有它们会怎么样？没有这些，一切都无从谈起。

就像身在巴黎的一位棒球游击手，韦尔兄弟集团在市场上显然不受重视。分析师和投资者跳不出对该股票之前令人失望的表现的认识，但是如果想要实现能源自主的话，我们一定需要一种将石油和天然气输送到炼油厂和终端用户的方法。建造输送管网将会让韦尔兄弟集团这样的公司干上数十年，他们会表现得非常好。还有一种可能是，一家更大的公司突然介入，并以可观而丰厚的溢价买下这家公司。

▶ 医疗废物处理
——不受待见却悄悄崛起

你永远不知道投资灵感会出现在什么地方！这只股票是在机场的男厕所进入我的视野的。我在厕所里注意到一个处理医疗废物的容器，上面标记着"锋诺"（Sharps Compliance，SMED，见图 5—2）。我猜测糖尿病患者是这种盒子的主要用户。很不幸，糖尿病在美国非常普遍，而且基本上是

经验值为 0 如何选出大牛股

通过患者自我注射胰岛素来缓解的。这些小的、一次性使用的针管必须被特殊处理，你肯定不希望人们把它们扔到附近的废纸篓中。在环境保护署的批准下，锋诺公司将医疗垃圾收集在有序的、可追踪的容器中，容器是预付邮资的，接着再用他们自己的医疗废物焚化炉集中予以处理。

	证券名称	货币	价格变动	总收益率	差数	年化收益率
1	标普 500 指数	美元	44.05%	55.38%	128.09%	13.45%
2	锋诺公司	美元	−72.71%	−72.71%		−31.05%

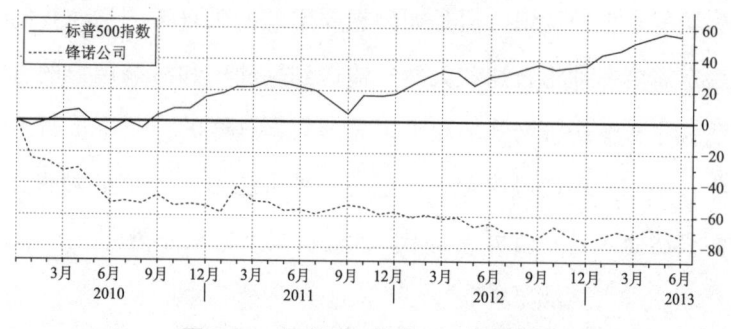

图 5—2　标普 500 指数 vs. 锋诺公司

当我后来去看医生的时候，在那儿又发现了它——一个锋诺盒子！我注意到护士快速地将一个用过的针管装入盒子。我问她："这些针管会去哪里？"她看起来有点吃惊地说："我确实不知道。"我想这就是最好的回答。对一个忙碌的医务室而言，让用过的针管不用多做考虑地消失是很重要的。一点也不奇怪，该公司是由一位叫博顿·库尼克的医生于 1994 年创办的。

第 5 章　盯住那些一再让人失望的股票

在过去的几年中，锋诺公司让投资者感到失望，其股价下跌了将近 80%。但是经营这种不受待见、几乎被人忽视但却非常重要的业务的公司正是典型的成长股。

如果你在经营一家医院，面对如此之多的医疗垃圾，以至于你不得不让一家公司每天来收集这些垃圾。当然，他们不会简单地将其扔掉，而是送到焚化炉中。

另一方面，如果你在做小本经营——例如，一家个体医生诊所，或者一间可以为流感病人提供注射服务的药房——你的确没有需要频繁收集的垃圾，但是你也不能让这些针管到处乱丢。

于是，锋诺公司开发了一种有效的模式。该公司为顾客提供放置医疗垃圾的纸盒子，这些纸盒子由客户填写、密封，接着通过美国邮政局邮寄到位于休斯敦的某个地方，垃圾在此被分类和处理。

在我看来，对废弃针管进行卫生化处理的需求只会日渐增加，人口日益老龄化加上对医疗废物处理更加严格的监管，对这项业务来说都是利好消息。我提到过最近我家附近一座座拔地而起的商业建筑看起来都像大药房了吗？

医疗垃圾焚化炉的数量有限，而锋诺公司便是其中的拥有者之一。由于没有人希望这些焚化炉位于自己家附近，所以这些现有设施的价值已经急剧上升了。

虽然锋诺公司焚化炉的账面价值大概是 300 万美元，但该行业最近的交易情况表明，这项资产在收购中可以达到这一价值的很多倍。这类错误定价并不是隐藏资产的计谋，而是一种规则。在通用会计准则下，一项资产的账面价值应取其成本与市场价格中较低者。如果所有者打算出售它，这个焚化炉的确价值更高，但其 300 万美元的成本是反映在资产负债表上的价值。相对于会计估值，这类有形资产估值经常是投资者可以讨价还价的地方。该公司没有债务，每股现金价值略微多于 1 美元。

锋诺公司一直在开拓其尚未触及的市场。现在，公司为兽医、牙医、监狱以及配套生活设施提供服务，也为个人居所提供小型的、经济的医疗垃圾处理服务。一个可能的结果是，该行业内的一些巨头，如韦斯特管理公司（Waste Management，WM）、斯特里赛可公司（Stericycle，SRCL）或其他一些垃圾处理公司可能最终会收购该企业。我们拭目以待——这种事经常发生。

第 6 章

寻找可重复业务

作为一名投资者,你应该追求的素质之一是预测能力:既对一家公司当前的盈利情况及其如何赚钱有所把握,也对该公司在下一季度的业务会怎么样有所了解。

▶ 游泳池设备商
——持续维护带来持续收入

这就是我为什么喜欢浦考普公司(POOLCORP,

POOL，见图 6—1）的原因，该公司是世界最大的游泳池相关设备批发商，他们喜欢自夸出售"除了水之外的任何东西"。浦考普公司是我们最喜欢且最为成功的公司之一，其总部位于路易斯安那州的卡文顿。这是新奥尔良郊外一个安静的居住区，且距离杜兰大学不太远。

	证券名称	货币	价格变动	总收益率	差数	年化收益率
1	标普 500 指数	美元	116.85%	194.64%	−3 094.04%	6.77%
2	浦考普公司	美元	2 777.02%	3 288.68%		23.80%

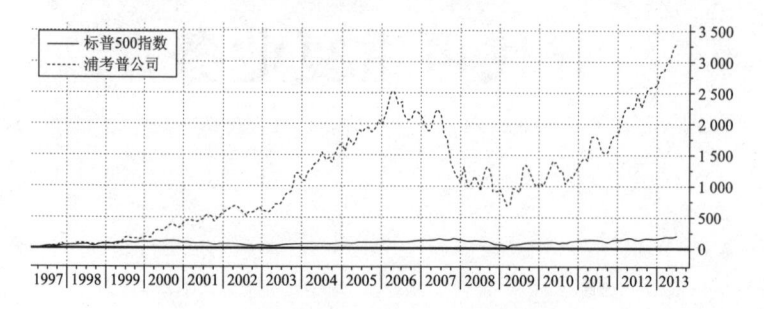

图 6—1　标普 500 指数 vs. 浦考普公司

一个与游泳池有关的常识是你必须维护它们，否则的话它们会看起来像莫奈笔下长满青苔的花园。据估计，每年维护一个地上游泳池的成本是 500～800 美元。对北部各州的居民而言，当他们在夏季使用游泳池的时候需要进行一次化学净化消毒处理，在夏季末须做另外一次。在南方，游泳池整年都充满水——池水必须得到净化消毒。令人惊奇的是，在新奥尔良这个地方，水平面是如此之高，以至于如果你放干

第6章 寻找可重复业务

你的游泳池，地表水会自然地流进去！

换句话说，每一个新的游泳池对泳池供应商来说都代表一笔未来的收入，浦考普公司正日渐成为这类企业的代表。

销售建造新游泳池所需的材料和设备也是浦考普公司一项很重要的业务。大部分新的游泳池来自新的住房。因此，当新房市场崩溃的时候，这一行业的相关部分也就陷入了困境。除了房地产市场的崩溃以外，该公司在"阳光地带"*遭遇了毁灭性打击，这里的新房基本上都带游泳池。游泳池建造市场规模随房地产市场一起萎缩了一半。

但是，这正好使得该公司作为一家双重业务公司显得很有吸引力。浦考普公司还出售化学用品和其他维护用品——这是他们的另一项业务。"阳光地带"的那些房子如果打算出售，那么，游泳池在房子的买家看来必须干净无比，这是售房者不会节省的支出。

要参与到住房市场的复苏中，你可以购买房地产建筑公司的股票。但是，在这样的一个经济形势中投机性地建造新的住房——啊，这真是太吓人了。所以我们把浦考普公司叫作房地产复苏中的"胆小鬼"。

---

* 指美国南部各州，该地区常年气候温暖、日照充足。——译者注

经验值为0 如何选出大牛股

这只股票看起来表现不错。我们是在1997年的春季学期开始跟踪该股票的,当时股票是按每股分拆调整后的价格1.77美元来出售的。到2013年春季的时候,每股价格达到了50美元。

在开始关注他们股票前的1996年末,我们对浦考普公司做了一次实地考察,当时的CEO拉斯蒂·塞克斯顿在游泳池行业还是个刚起步的新人。在他读大学的时候,跟他约会的一个女生的父亲是建造游泳池的,他们对这段感情非常认真。一天,他女友的父亲找到拉斯蒂并探讨他的未来。

这不禁让人想起《毕业生》这部电影中达斯汀·霍夫曼主演的角色被督促进入塑料制品业的场景。女孩儿的父亲说,"未来属于游泳池。"

于是,拉斯蒂说,"你认为我应该建造游泳池吗?"

女孩儿的父亲轻蔑地笑了笑。他说道,"不,我不希望我未来的女婿在地上挖洞。孩子,你的未来是分销那些建造和维护游泳池的设备。"

拉斯蒂带着这一想法起步了。他在20世纪60年代初创办了一家叫作海蓝的公司,并于1993年创办了浦考普公司。现在,浦考普公司是设备制造商与泳池建造维护商的中间人——从中等规模的业务发展到令人刮目相看的"一家独大"。

第 6 章 寻找可重复业务

沃尔玛、凯马特以及很多当地的游泳池产品零售商店都有他们自己的泳池维护和产品供应业务，如果你想自己维护自己的游泳池，那么你可以去这些商店。但是，如果你要做的是专门的泳池维护业务，你得找浦考普公司。

即使在 20 世纪 90 年代中期，该公司就已经无处不在，我不时在洛杉矶、拉斯维加斯，甚至缅因州这些地方看到他们的设施。他们出售游泳池所需的任何东西。我和拉斯蒂一起在他的办公室坐下，并开始浏览浦考普公司出售产品的清单。

我先发问，"你们出售游泳用的漂浮板吗？"

"是的，"他说。

"梯子呢？"

"是的。"

"氯呢？"

他叹了口气。"彼得，我们有大概 35 000 种产品。我们必须加快速度。"

那是几年前的事情了。现在，公司的库房里有超过 16 万种产品，包括全国性品牌和私人定制品。

浦考普公司是通过收购更小的私人企业发展起来的。过去，游泳池用品的供应是一种高度分割的业务，有数百家小零售店，都是私人企业。你在购买私人企业的时候需要知道一件事情，私人企业的业务模式是展示最小可能的利润（为了减少纳税），而上市公司则是展示最大可能的利润（为了让股价上涨）。我提到这些是因为你经常会看到对那些看起来刚好收支相抵的私人企业的收购。但是，一旦收购方获得"短期绝佳的机会"，就像是买到廉价出售的梅赛德斯汽车一样，你对此的感觉就会好得多。

浦考普公司花费了一大笔钱来创建世界上最复杂的分销系统。他们购买如此之多的产品以至于可以比其他人得到更好的价格。这就是供应链管理，他们是这方面的专家。

除了与游泳池有关的设备和物资供应之外，该公司还出售附属产品，如草坪设备和内置的烤肉架。现在，他们已经占领了后院，公司表示下一个目标是攻占前院。他们的业务已经扩展到灌溉系统、景观美化设备和轻型固定设施。公司的股价已经反映了其业务的突飞猛进。正如该公司的广告语所说的，"虽然地球表面的70%是水……但我们认为这还不够。"

浦考普公司的高级管理层正是博肯路报告正在寻找的那种类型的领导者。事实上，我还经常会去了解这些成功企业的高级管理层是否在其他上市公司担任董事。我发现拉斯蒂·塞克斯顿是休斯敦线缆公司（Houston Wire and Cable，HWCC）的董事，我们随即将该公司加入到我们的博肯路报

第6章 寻找可重复业务

告中。

在一家大公司中，CEO具备多种技能，他可以掌管卡特彼勒或IBM。但是，在我们所关注的公司中，管理者不只是被雇佣的经理人，他们的身份与公司紧密结合在一起，而且往往会拥有很多的公司股票。

当我的学生上次造访浦考普公司现任CEO曼尼·皮雷兹的时候，他们谈到了商务旅行。很多管理者喜欢靠过道的座位，从而可以更快地下飞机。但曼尼不是。

"我喜欢靠窗户的座位，"他说，"在飞机起飞和降落的时候，我喜欢往下看，看着所有的游泳池！"他已经"完全投入进去了"，作为投资者，你一定喜欢拥有这样的投资对象。

我经常被问到，我们研究过的这些成功企业彼此之间是否有共同之处。表面上答案是否定的，因为它们处于很多不同的行业。但是，它们看起来都是由那些全身心地投入公司的人来管理的。我曾经上过PBS的经典节目《华尔街一周》，并在节目中断言这些经理人很可能都打不好高尔夫！大多数时候他们都渴望成功。这些男人和女人都非常努力地工作，并将自己带到现在的位置上。正如我们南方人常常说的，他们不是"天生如此"。

▶ 植入型医疗小设备
——一台设备就是一个未来的收入流

投资者还应该注意另一类重复业务——医疗需求。

如果你有癫痫病，医生可以持续地在你身上尝试大约100万种药物。但是如果这些药物都不起作用，保险公司会让你把一个小设备植入锁骨附近，设备上的一根非常细的金属线会连接到你的大脑。这个过程叫作迷走神经刺激（VNS），非常先进非常昂贵，但也非常有效。

塞波尼克（Cyberonics，CYBX，见图6—2）是一家生产这种小装置的公司，装置于1988年投入临床应用。我是通过公司的CFO格雷格·布朗了解到这家公司的。我是上市家庭保健公司阿美迪西的董事，格雷格在公司担任多年的CFO。在卡特里娜飓风之后，格雷格搬到休斯敦并在塞波尼克公司找到一份工作。格雷格是那种可以接下公司并使之变得不同的家伙，他恰好是那种真正理解华尔街，并能找到一种方式向华尔街的分析师讲述公司故事的CFO。他想看看博肯路报告是否会关注塞波尼克公司，就像他说的，虽然"故事还有待丰富"——换句话说，在做出所有必要的改变之前，我的确对他的说法很感兴趣。

第6章 寻找可重复业务

	证券名称	货币	价格变动	总收益率	差数	年化收益率
1	标普500指数	美元	116.85%	194.64%	−1 189.93%	6.77%
2	塞波尼克公司	美元	1 384.57%	1 384.57%		17.76%

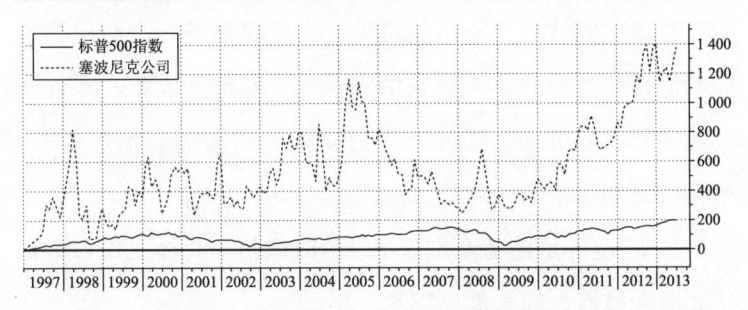

图6—2 标普500指数 vs. 塞波尼克公司

不出所料，VNS疗法不只是对癫痫病有效，也对那些其他方法难以治疗的忧郁症有效。当然，治疗忧郁症的市场规模比癫痫病市场要大很多倍。塞波尼克公司正在努力进入忧郁症市场，但遇到了很多困难。当我问到公司是否正在进行检测来证明该设备对忧郁症切实有效的时候，他们告诉我，他们知道这个设备是有效的，但他们正在努力让保险公司为此提供赔付。

这就是困难所在。你可以拥有一台神奇的医疗器械，但是如果保险公司不肯对此提供赔付，你的生意就不会好。管理层认为公司需要将眼光重新聚焦在其核心市场，即癫痫病市场上，在这项业务上，不仅保险公司同意赔付，而且他们拥有潜在的全球市场。每年都有越来越多的医生知道这一有效的疗法，迄今为止，有超过 60 000 名医生针对顽固性癫痫病使用过 VNS 疗法进行治疗。

在造访塞波尼克公司的时候，我们获悉了一个会成为他们利润增长之源的令人振奋的消息——移植的设备、零件和电池需要定期更换。因此，你每卖掉一台癫痫病治疗设备，就相应地增加了未来的收入流。

VNS 设备是在病人非常年轻的时候植入身体之内，类似于心脏起搏器，病人需要用几十年。

这只股票的表现非常好。自从 2008 年秋季学期其股价大约在 18.5 美元的时候我们开始关注该公司以来，其股价已经变为原来的三倍。拥有重复业务对一个股票来说是一个很好的加分项。

第 7 章

看看其他人错过了什么

▶ **二氧化碳输送**
　　——一个人的废物,另一个人的宝贝

几年前,正当我拿着鱼竿在我岳母位于路易斯安那州西南的三里湖的钓鱼营地里到处闲逛的时候,注意到一队人正在铺设管道,便走过去询问管道是做什么用的——输油还是输气?

他们大笑着告诉我管道既不输油也不输气——而是输送二氧化碳。工人正在建造管道将古老而纯净的二氧化碳输送到附近旧的已经开采过的油田。这就像把可口可乐注射到油田下一样，以重新聚集将剩余石油开采到地面所需的压力。这是一种叫作第三纪石油复采的方法。

我就是这样知道邓布里能源公司（Denbury Resources，DNR，见图7—1）的，这家公司位于达拉斯郊外，其业务是让旧的"已死"油田焕发出新的生机。他们已经开发出一种复杂的网络来收集二氧化碳并将其输送到需要的地方。DNR这一股票代码是不幸的，因为这些开头字母在保健领域也代表"Do Not Resuscitate"（拒绝心肺复苏）。《巴伦周刊》的作者克里斯托弗·威廉姆斯曾经就这个公司采访过我，我强调除了这个名称之外，邓布里能源公司是能源投资者的"守护神"。

当你钻探一口油井的时候，大约有一半的石油会在其自身的压力下喷流并最终涌到地面。但在某些点上油井会失去"活力"，你没有足够的压力来得到剩余的石油。压力的失去正是你会看到那些油压千斤顶靠上下快速摆动来泵压出更多的石油的原因——业内称其为"人工抬升"。

另一种形式的"人工抬升"是将二氧化碳注入这些所谓的"成熟的"油田。这个添加的"活力"有时候被开玩笑地

第7章 看看其他人错过了什么

	证券名称	货币	价格变动	总收益率	差数	年化收益率
1	标普500指数	美元	57.38%	70.92%	57.12%	15.03%
2	邓布里能源公司	美元	13.80%	13.80%		3.43%

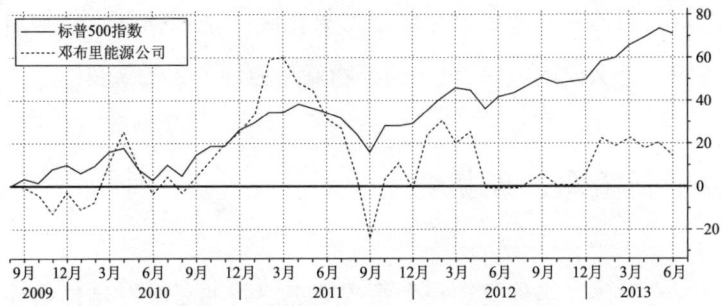

图 7—1 标普 500 指数 vs. 邓布里能源公司

称为油田的伟哥。邓布里能源公司的历史可以追溯到 1951 年，但是公司是于 1997 年从雪佛龙手中收购了位于密西西比州的海德尔伯格油田之后才开始构建现在这样的结构。

我钓鱼营地附近的油田是 20 世纪 50—60 年代钻探的，土地所有者已经很多年没有从中赚到什么钱了。邓布里能源公司的地质学家可以确定哪些油田适用于二氧化碳技术。但是，最难的部分是将二氧化碳导入油田，而邓布里能源公司建立了广泛的管线网络来解决这件事情。

二氧化碳的来源很丰富。首先，二氧化碳自然产生于我们脚下的路易斯安那州和密西西比州的厚盐层。但更棒的是，邓布里能源公司也去那些产生二氧化碳废气并在《联邦温室气体排放法案》下需要对此予以合理解决的化工厂收集二氧化碳。那些工厂对于能把二氧化碳提供给邓布里能源公司别提有多高兴了，这些二氧化碳在油田正好派上用场。邓布里能源公司的基础业务就是输送二氧化碳和钻探油井。你知道他们是怎么说的："一个人的废物就是另一个人的宝贝"。

➤ 新概念、新机会

有时候，当你发现一个像"第三纪石油复采"这样很棒的概念的时候，还是有必要了解一下该领域的其他公司。正如网店热心提示的那样，"喜欢这件产品的人也购买了……"。在这个案例中，正是邓布里能源公司的管理层让我们见识了位于休斯敦的进化石油公司（Evolution Petroleum，EPM，见图7—2），该公司在一些石油二次开采项目中是邓布里能源公司的合伙人。像邓布里能源公司一样，进化石油公司也专注于第三纪石油复采，并让老油田焕发生机，但是规模小得多。创建于2003年的进化石油公司有另一个博肯路报告喜欢的股票特征，就是其员工拥有21%的流通股份。

进化石油公司购买位于路易斯安那州东北部传奇的德尔希油田这一举动，就像挖到宝一样。德尔希是20世纪40年代一个令人震惊的大发现。自被首次发现以来，这里已经生产了1.9亿桶石油，当进化石油公司购买这个油田的时候，

第7章 看看其他人错过了什么

每天产出的石油不到 20 桶。通过与邓布里能源公司合作运用第三纪石油复采对其再开发，第三方地质学家认为每日可能会额外产出 66 桶石油，而且这还是在没有完全开发情况下的产量。

	证券名称	货币	价格变动	总收益率	差数	年化收益率
1	标普 500 指数	美元	44.05%	55.38%	−97.75%	13.45%
2	进化石油公司	美元	153.13%	153.13%		30.46%

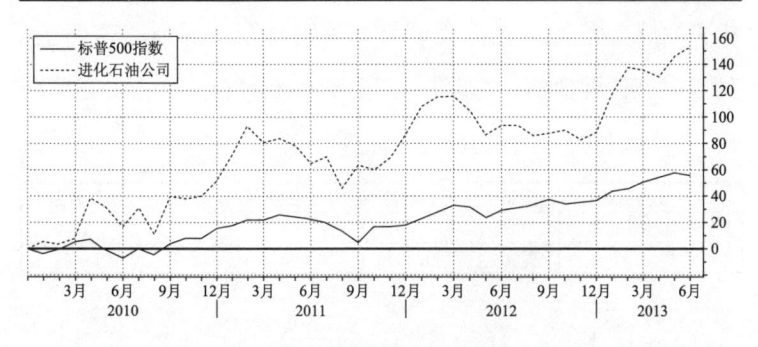

图 7—2 标普 500 指数 vs. 进化石油公司

希望就在这儿，这些被遗忘的昔日"油田之星"重新焕发了生机，这就像过气的娱乐名人总是在赌场和表演俱乐部焕发第二春一样。

▶ 愿意为运牛奶的车承保还是为运天然气的车承保？

美利保公司（Amerisafe，AMSF，见图 7—3）是另一家寻找到巨大商机的企业。该公司位于路易斯安那州繁忙热闹的德里德都市区，为雇主提供工人补充保险。坦率地说，这类保险正是其他保险公司希望避免的。美利保公司专注于雇佣钻探工人、码头工人和伐木工人的那些中小企业。公司已经日渐壮大，现在为35个州和哥伦比亚特区的客户提供服务。我为给学生们在前往德里德的四小时车程中提供了模糊指引而感到羞愧，在得克萨斯州—路易斯安那州高速路上，我本应该告诉他们，"如果你们看到一个写着'进入得克萨斯州'的标识的话，你们已经走过头了。"

	证券名称	货币	价格变动	总收益率	差数	年化收益率
1	标普500指数	美元	9.39%	23.83%	−85.99%	3.97%
2	美利保公司	美元	108.83%	109.82%		14.44%

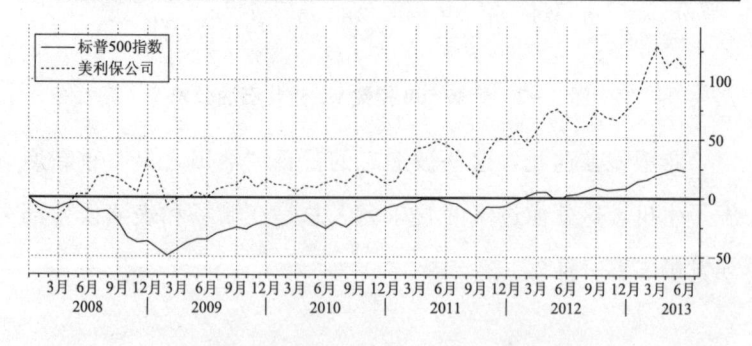

图7—3 标普500指数 vs. 美利保公司

问题就在这里。美利保公司比包括那些大企业在内的其他大部分保险公司更理解投保公司的风险。例如，公司管理者曾问我的学生，如果保险费相同的话，他们是愿意为一辆

第 7 章 看看其他人错过了什么

运输牛奶的卡车承保,还是愿意为一辆运输天然气的卡车承保。同学们的一致回答是为运输牛奶的卡车承保,原因是运输天然气的卡车有"爆炸"风险。但实际上,对卡车司机来说在高速公路出口的驾驶最危险,而此时牛奶罐车比天然气卡车发生事故的可能性更大。这是因为牛奶通常是盛放在一个单一的罐子里(牛奶在罐中晃荡造成的重量移动是事故的罪魁祸首),而因其易燃性,气罐通常被划分为若干个部分,因而行驶得更稳,也就更安全。我是肯定不会想到这些的,但他们想到了。

我们已经看到过很多小企业抓住一个被误解的市场最终获利的例子。有一年,我有个学生对于他们专注于"低频率、高损失的事故"表示质疑,并建议将业务分散到风险较低的市场,如组装厂。公司的一个管理人员大笑着告诉她,那些工作会让工人们得上令人讨厌的腕管综合征并导致大量索赔……并且腕管综合征还具有"传染"!

第 8 章

反思失败

阿尔伯特·爱因斯坦说过:"如果我们知道我们正在做什么,我们就不会将其称为研究。"

据说在选股行业,如果有 60% 的时间你是对的,那么你就会获得巨大的成功。这不像在 NBA 中罚球,如果只有 60% 的命中率,你就只能去卖爆米花了。在选股行业中,60% 并不差。

我经常告诫别人,如果你遇到一位新的理财经理或金融规划师,要注意他是否能及时发现自己的错误。我曾认识一些确实非常出色的人。第一个人是我 23 岁在位于波士顿的基德尔皮博迪公司上班的时候遇到的。我希望我从那以后学到了一些东西，当然也许并没有。

▶ 栽在软肥皂上
——不要爱上一只股票

公司的研究部提出了关于一个股票的看法，最后以巨大的失败告终。该股票所属公司的名称叫米尼通卡，是制造软肥皂的。多么完美的产品啊！每个浴缸都要配有一块肥皂。他们后来推出一款相关产品叫作"水龙头牙膏"。这是另一款生活中必不可少的突破性产品，至少我是这么认为的。想想家庭中关于挤牙膏管以及没有盖好牙膏盖的争吵吧，想想通过避免这些争吵多少婚姻可以得以拯救吧。产品卖得就像松饼一样好。

那时候，我正在搭建我的基础客户关系。为了开阔自己的视野和结交更多的人，我需要在我销售区的几个俱乐部发表演讲。真见鬼，我应该一逮着机会就在生日聚会上或酒吧里大肆宣传这事儿。我有一辆红色的小吉普车，我驾着车转遍了新英格兰。我肯定做过 200 场的演讲，通常是在午餐或晚餐谈话时。我还吃了很多鸡肉。

第8章 反思失败

回想起来，这并不是最有效率的开展业务的方式，但让我知道了我最喜欢的是什么——我喜欢演讲。我开始收集很多让人们感到好笑的段子和笑话。我现在每年要做大概60场演讲，并与十几个演讲协会一起工作。人们想听关于股票的看法，我就给他们讲关于米尼通卡的故事。当时我在很多客户的资产组合里都配置了这只股票。有一天，《福布斯》杂志上出现了一篇关于旗舰软肥皂生产的文章，宣称"只要有根木棍和水桶，傻子都会做那个东西"。我一直没有忘记那句话。当然，他们是对的。于是，另一家位于辛辛那提的小公司进入这个行业，它的名字是什么呢？哦，是的，就是宝洁！米尼通卡的股票开始一路下跌。

股票在下跌，但我不认输。我喜欢那只股票！即使有更便宜的替代品，我认为人们还是会忠实地喜欢米尼通卡公司的产品。难道一些人实际上不是靠产品的外观来装饰自己的浴室吗？

但是，股票依然继续下跌。公司最后被一家大型化妆品公司收购了，但购买价格远低于我买股票所支付的价格。

永远不要爱上一只股票。爱你生命中的那个男人或女人吧，甚至是爱你的狗，但是千万不要爱上一只股票。如果你爱上了它，那么在确定什么时候你们应该分手时，你会失去必要的客观性。你必须能够说——甚至对你的股票——"不

93

是你，是我。"

虽然这是发生在开始创立博肯路报告之前很久的事情了，但还是我在课堂上会讲到的一个教训和故事。我在选股上付出了一次重要（且高昂的）代价。当事实靠近你的时候，你必须注意，市场并不在乎你为股票支付了多少。不管多么痛苦，不管你的成本多么高，当面对新的局面时，你就必须重新考虑它。最终总是经济规律和真理胜出。

➤ 我喜欢的餐厅坑了我

另一个投资运气不佳的例子是皮卡迪利自助餐（Piccadilly Cafeterias），是我们在博肯路报告中研究了相当长时间的一家公司。事情是这样的，在跟踪皮卡迪利自助餐的那些年，我的小孩还不到10岁，因此我不仅跟踪这家公司，还经常去那儿吃饭。这是在南方很多城镇都常见的餐厅，新奥尔良当然也有。我时常感到好笑，因为在新奥尔良，当你在像安托万或加拉托雷那样的高端餐厅有自己单独的侍应生的时候，你就知道自己成功了。而在几个儿子还小的时候，我们在皮卡迪利自助餐就有了自己的女侍应生，名叫安妮，每当我们进来的时候，她都会把小孩子用的托盘拿到我们的桌子上。

有一天，我跟几个学生去杜兰大学附近的一家自助餐厅。

第8章 反思失败

在路上，皮卡迪利自助餐研究团队的一个年轻女大学生告诉我们回到那儿别提有多高兴了。"我在皮卡迪利成为了女人，"她叫道。我吓得几乎把车开下了道，根本没法儿安心开车了。我问她，"你这话什么意思？"她有点儿依依不舍地说，"我还记得他们让我自己拿托盘，这可是我人生的第一次。"

就一些不适合推广的概念和想法而言，皮卡迪利自助餐就是一个很好的例子。在南方，自助餐厅是吃饭的好去处，但在其他地方就不是了。于是，皮卡迪利自助餐没办法从自己的根据地成功地扩展出去。这个公司试图在像芝加哥那样的城市开自助餐厅，但行不通，这不符合那儿的习俗。在南方以外，自助餐厅只会让人们想起生命中糟糕的岁月，就像住院和上中学一样。

餐厅里满是老人和小孩，顾客的平均年龄可能是40岁，但是那儿实际上没有任何40岁的人，倒是有很多5岁和75岁的人。啊，对于解释数学术语平均数和中位数的区别，这是多好的例子啊！

皮卡迪利自助餐正是我的学生们一开始不愿意关注的公司之一。但是，在他们开始理解了公司的商业模式及其驱动因素之后，他们就被深深地迷住了。有一次，我们正在餐厅排队，公司的CFO排在我前面，他是那种看起来特别深沉的人。我问他在想什么，他回答道，"你知道，彼得，如果队伍后面拿水的那一半人拿的是冰茶的话,我们的每股收益就可以再增加几美分。"这些学生一直在建立关于皮卡迪利自助餐的财务模型,听到这句话之后,他们的眼睛都亮了。这是一家复杂而多变的公司,他们的经营特色不只是炒瓜子和为中年妇女供应软糖,还有很多名堂。

在跟皮卡迪利公司的 CFO 会面的时候,我问他是否有什么隐藏的资产。"完全没有,"他回答道,"但是,镇上大概一半的牧师结束布道的时候会说,'现在,我知道我们都想去皮卡迪利……'这个值多少呢?"

但是,皮卡迪利最后被两件事击垮了。第一件事情是,他们在 1998 年举债购买莫利森自助餐厅连锁店,接着,又把这些餐厅的名字改为皮卡迪利自助餐。这不仅给公司造成了财务压力,而且莫利森自助餐的一些忠实顾客对这个新名字并不买账。说实话,就算有人拿枪指着我们的脑袋,你我都无法判断菜单之间的差别。但是,怎么说呢,自助餐厅的顾客可是难对付的。老人通常不喜欢改变,很多莫利森自助餐的顾客不再到餐厅来了,而过去他们已经在这里吃了 40 年的自助餐。

但是,最终击垮皮卡迪利股票的是公司的固定收益养老金计划。当股市在 2000 年下跌的时候,公司的养老金计划从资金充裕变为资金不足,这(与因收购莫利森而提高的杠杆一起)彻底击垮了公司。在固定收益养老金计划中,雇员缴

第8章 反思失败

纳固定金额，而公司保证员工在退休后直到去世前得到收入。当然，现在大部分公司都建立了个人退休账户（IRA）和401（k）计划，把投资风险从雇员转移到雇主身上。此外，这种方式是便捷的，是积累财富很好的工具，它可以让你为下一代留下点什么。

当时这个养老金计划让我焦虑不安，因为我曾是路易斯安那州的首席投资官，该州也曾在资金不足的情况下推行了固定收益计划——导致了巨大的财务负债，而且没有足够的钱来偿付。我见识过类似情况带来的混乱。关于养老金计划有一些非常严格的规定，业务下滑并不允许公司减少对养老金计划缴纳的费用。这一资金不足引发的累积负债最终宣告了皮卡迪利的死亡。现在他们的原店面仍在营业，但所有权已经转到某一个人手里了。

皮卡迪利自助餐是一家一直在顾客的心目中具有特殊地位的公司。每年春天，博肯路报告都会举办一次投资会议。我们的会议是唯一一个完全对公众开放的投资会议，其他的则都只对专业投资者开放。我还记得皮卡迪利的CFO登台演讲的情形。在提问环节走到麦克风前的第一个人询问的是公司的运营和收益；第二个问题来自一个打扮得华丽而俗气的老妇，她问的问题是为什么在杰弗逊高速公路的那家店不供应更多的胡萝卜蛋奶酥。

经验值为 0 如何选出大牛股

　　虽然皮卡迪利自助餐努力争取过，但还是在 2003 年被尤凯帕公司收购了，并自 2012 年以来一直在破产经营。无疑，我喜欢皮卡迪利，但是你不能浪漫地爱上自己的股票。你必须看看数字，面对现实。哦对了，一定要了解公司是否有固定收益养老金计划。

第 9 章

你从未听说过的最好的公司

对股票的好点子可以来自很多渠道,我更喜欢从街头巷尾而不是华尔街收获对股票的灵感。

▶ 低调隐秘

大概十几年前,我一个学生家里的朋友经营着一家油田服务公司,我觉得这会是一家值得博肯路报告关注的好公司。由那个学生帮忙引荐,公司的 CEO 被我们寻找并研究那些稳健但不为人知的股票的方法所深深触动。

公司的 CEO 是查尔斯·法布里坎特，席科控股公司（SEACOR Holdings，CKH，见图 9—1）的创始人和最大的个人股东，这家公司那时候叫席科思明。我给他们打了电话，他们同意接待我和学生们。

虽然这个公司有着不愿与分析师打交道的"坏名声"，但是法布里坎特先生内心终究还是有教养的。我们蓦然发现自己是少有的几个跟踪这家伟大公司的团队之一。

	证券名称	货币	价格变动	总收益率	差数	年化收益率
1	标普 500 指数	美元	39.91%	77.25%	−103.48%	5.10%
2	席科控股公司	美元	130.70%	180.73%		9.39%

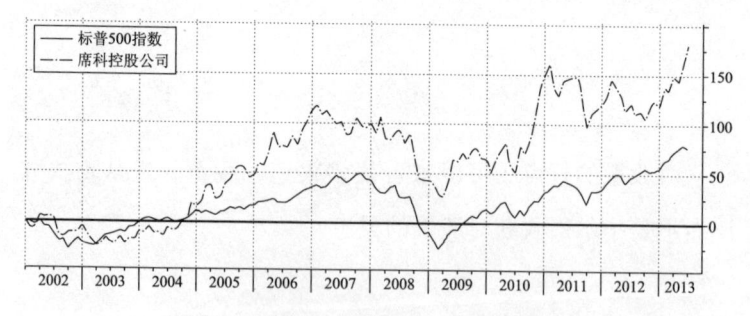

图 9—1　标普 500 指数 vs. 席科控股公司

为什么关注这家公司的人比较少呢？席科控股公司只是不拍华尔街的马屁而已——管理层不提供盈利引导，甚至不接会议电话，他们认为把时间花在企业经营上更好（我认为他们是对的）。我们无意中发现了美国最低调、最隐秘和令人印象深刻的上市公司之一。

席科控股公司基本上是一家油田服务船舶公司,但是法布里坎特也是一个非常聪明的机会主义投资者,对价值非常敏感。他已经拥有了直升机队伍、河道驳船、交易公司,等等。公司在周期性非常强的行业经营,巧妙地在价格便宜的时候购买资产,并在价格上升的时候出售它们。

正是这一举动使人们难以预测他们的盈利,这也是分析师都去跟踪他们竞争对手的原因之一,如潮水公司(TDW)和霍思贝克近海公司(HOS)。席科控股公司不被视为一家"单一业务公司",当他们的一个业务部门业绩不佳时,公司的多元化经营使其整体业绩基本不受影响。例如,墨西哥湾的钻探业务经历着兴衰波动。当业务活动下降时这个地方相当安静,也曾被油田分析师叫作"死海"。为那些油井服务的船舶停泊在路易斯安那州的福雄港或得克萨斯州的阿瑟港——就闲置在那儿,"简直令人窒息!"正是在这样的时刻,席科控股公司的多元化经营和商业敏锐感才会令投资者欣赏。

一般而言,一家管理优良、经营成功的企业账面价值会增长。有几种方法来度量这种增长,但(就我的投资而言)最好的指标是 CAGR(Compound Annual Growth Rate,复合年增长率)。你也许会要将 CAGR 视为一种"平滑"增长率的方法。席科控股公司的 CAGR 非常出色。事实上在过去的 20 年中，该公司不仅轻松地击败了标普 500 指数，而且几乎跟沃伦·巴菲特的伯克希尔·哈撒韦公司的账面价值增长率不相上下，这相当于投资界的金本位。

账面价值 CAGR（1992—2012）
标普 500 指数　　　　　+6.9%
席科控股公司　　　　　+12.1%
伯克希尔·哈撒韦　　　+13.6%

你在财务报表上看到的是会计账面价值，理论上投资者会更希望发现公司的有形账面价值。现实中，公司的有形账面价值可以大于或小于其会计账面价值。资产负债表上往往被少报的是已增值的房地产以及比税法规定的折旧速度更慢的资产。另一方面，公司持有过时的技术储备或趋于失败的项目（想想正在腐烂的西红柿）会造成账面价值多报。另一个计入会计账面价值却从有形账面价值中去掉的科目是企业的商誉。有形账面价值度量的是公司资产的当前价值。也就是说，如果你现在出售这些资产你能得到多少。

➤ 合理的价格—账面价值比

在评估某些行业的时候这种度量方法肯定会更有用。例如，科技企业的价值更可能是以专利和知识产权而不是设备、

第 9 章　你从未听说过的最好的公司

建材和房产的形式体现的，价格—账面价值比（Price-to-Book Value）没法捕捉到这些价值。

图 9—2 可以为一家公司的历史估值提供一些视角。席科控股公司的股票估值范围在其账面价值的 67％到 133％之间。

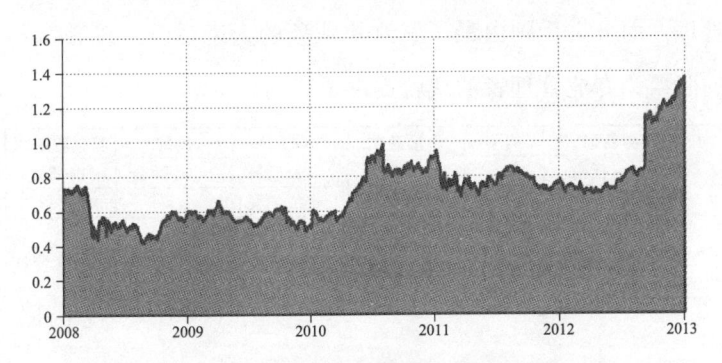

图 9—2　席科控股公司价格—账面价值比

资料来源：Bloombery.

如果你发现一家公司的账面价值高于股票价格，啊，这至少是令人瞠目结舌的。这意味着管理者卖掉建筑物和机器设备并偿还债务，就可获得比卖掉该公司当前的股票所得更多的现金。有时候，投资者把这样的公司叫作是"死了比活着价值更高"。

2012 年末，席科控股公司宣布了分拆世纪集团（Era，见图 9—3）直升机业务的计划，这在分析师看来当然是缩减公司规模的行为。但是分拆也可以创造更大的投资机会（见前文对苏瑟尔石油的讨论）。迄今为止，以我在投资圈将近

35年的经验，被分拆公司的股票表现通常好于母公司。像很多投资一样，这看起来与直觉有点儿不符。

难道母公司不会剥离发展潜力最小的业务部分吗？也许吧，但是我发现这些部门通常在原公司结构内被作为子公司管理，而分拆后则由最了解这块业务的人来运营。单独交易的股票为专业管理者的成就提供了奖励。

	证券名称	货币	价格变动	总收益率	差数	年化收益率
1	标普 500 指数	美元	7.62%	8.68%	−31.23%	21.35%
2	世纪集团	美元	39.91%	39.91%		118.33%

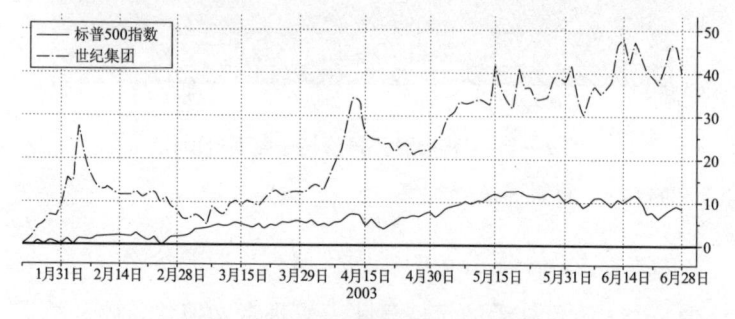

图 9—3　标普 500 指数 vs. 世纪集团

▶ 节俭持家

上述出色表现的原因是，席科公司管理着一艘真正坚固的船（双关语）。我喜欢节俭。某些公司中充斥着以自我为中心和彻头彻尾的骄傲自大。说实话，我不喜欢看到某家公司

第9章 你从未听说过的最好的公司

的名字出现在一栋富丽堂皇的建筑物上。当拜访某家公司发现墙壁上挂着昂贵的艺术品的时候,我总是感到震惊。挥霍浪费几乎总是为了实现管理者的利益而不是维护股东的利益。

在20世纪90年代中期,有一次我们到路易斯安那州的摩根市参加席科控股公司一艘新员工船的下水仪式。这是一艘将油田工作人员带到深水钻探位置的快船。

那天阳光明媚,仪式现场立着一顶巨大的帐篷,帐篷里提供各种食品,也有数百名各界人士。圣玛利教区小姐也戴着她的冠状头饰和肩带出席了仪式。船被鲜花和气球所装饰,现场还准备了一个五英尺长的巨大的船形蛋糕。

碰巧他们用了席科海洋公司总裁的名字米尔特·罗斯来命名这艘船,但他本人并不知情——直到他手里拿着庆祝的酒瓶走到船头,看到他的妻子和女儿沿着上下船用的踏板走上来的时候。

这是一场热闹的聚会。接着,突然,一群人走上船来撤掉所有的气球收拾了桌子,就在我们还站在岸边吃着蛋糕的时候,船的引擎被快速发动起来并驶离了码头。它要开往巴西了,聚会结束了,那艘船要去赚钱了!

这对我来说一点儿也不奇怪。席科控股公司是通过收购一家叫尼科的公司发展起来的,我曾经听说他们把自己叫作席科是为了在重新标识船的时候能节省颜料!

105

➤ 伟大的吝啬鬼
——因节俭而与众不同

博肯路报告还关注其他一些因节俭而与众不同的伟大公司。因其战略是在小型社区的沃尔玛超市旁边选址,希伯特体育用品公司(Hibbett Sporting Goods,HIBB)不需要在广告上花费太多。当我就如何吸引顾客这一问题去询问管理层的时候,公司的一个管理者告诉我,"注意,我唯一关心的是你们可以从沃尔玛的停车场看到我们。"夏天的时候,希伯特让其所有店铺比其他商店的温度高几度,冬天的时候则让其所有店铺的温度比其他商店低几度,公司因此节省了不少钱。把每家店节省的电费乘以门店数 800,对中小企业来说这就是一大笔钱。

单个门店本身只有大概 5 000 平方英尺的面积(相对于其大部分竞争对手拥有的 50 000~60 000 平方英尺的门店面积,这只能算作"亭子")。这些较小的门店管理成本较低,也使其关闭一家经营不善的门店损失不大。运到希伯特的大部分商品都是装在纸箱里的。和其他大部分公司不同,他们是沿着开口处打开箱子并对其加以重新利用,而非简单地开箱之后扔掉。当一家公司可以时刻对高开销保持警惕,那么

第 9 章 你从未听说过的最好的公司

对于投资者来说就是可以感受到的长期利好。

图 9—4 显示,华尔街认可这种做法。

	证券名称	货币	价格变动	总收益率	差数	年化收益率
1	标普 500 指数	美元	75.34%	119.89%	−603.46%	7.54%
2	希伯特体育用品公司	美元	723.35%	723.35%		21.48%

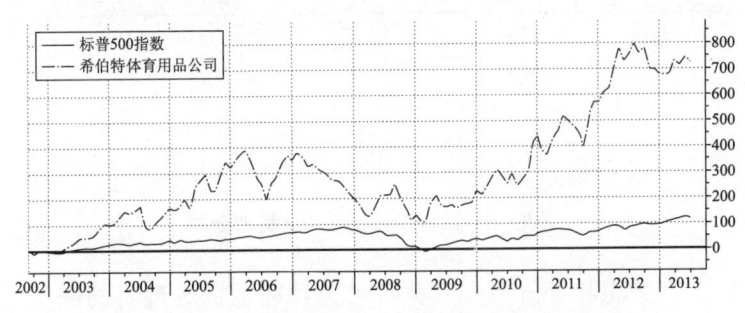

图 9—4 标普 500 指数 vs. 希伯特体育用品公司

更受欢迎的节俭:科恩公司(Conn's,CONN,见图 9—5)是一家电器和家具零售商,他们通过信贷业务取得了一大笔盈利。该企业有大约 90% 的公司业务是通过信用交易的,而业务的四分之三是利用自己的信用部门。几年前,我们去位于得克萨斯州博蒙特的科恩公司总部拜访了公司的管理层。当时刚刚发生了一次中等程度的飓风。公司总部的建筑曾是凯马特大楼,飓风吹掉了现在的科恩公司标识的一部分,被它覆盖的原有凯马特标识的 K 露出来了。你一定会为这种节俭作风感到高兴。

经验值为 0 如何选出大牛股

	证券名称	货币	价格变动	总收益率	差数	年化收益率
1	标普 500 指数	美元	28.68%	51.51%	−4.07%	5.70%
2	科恩公司	美元	55.58%	55.58%		6.07%

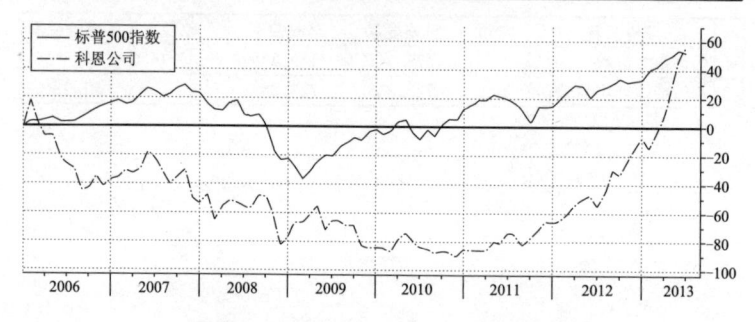

图 9—5　标普 500 指数 vs. 科恩公司

我还想起了另一个有关科恩公司聪明的管理者的例子。21 世纪初,大的平板电视风靡一时,科恩公司做了一个伟大的选择。在那时候科恩公司还没有开始销售家具,但公司认识到,如果顾客可以斜躺着看电视,那么就能更好地体验大屏幕电视带来的享受。于是科恩公司找到一家躺椅制造商,并要求他们提供躺椅做"展品"(不供出售)。科恩公司实际上不怎么在意躺椅看起来像什么,而只是想要一个好的价格。于是他们采购了很多俗气的银色和蓝色躺椅。结果顾客因喜欢电视而爱上了躺椅!明白了吧,这里是得克萨斯,银色和蓝色是达拉斯牛仔的颜色。公司管理者很快订购更多的躺椅并开始出售,现在,公司实际上也成了家居零售行业的大企业。

第 9 章 你从未听说过的最好的公司

在整本书里你都会看到，很多行业顶尖的公司通过将其办公机构设立在地价昂贵的大都市之外来维持低成本。我们在小型且贫困的社区发现过相当了不起的公司，这些地区正如路易斯安那州的政治咨询顾问詹姆斯·卡维尔曾说过的，"它们中的一些是如此之穷，以至于当地的高中不得不用同一头骡子来上生物课和体育课。"

第 10 章

表里不一创造大量财富

华尔街经常低估那些听起来平淡无奇的公司。事实上,这些公司往往相当复杂,有很多变量,为投资者创造了大量的财富。

➤ 特别的养鸡场
——想象中的脏乱臭与见过的最干净最高效的企业

鸡的灵魂是不朽的吗?

经验值为 0 如何选出大牛股

我承认，在我们参观完位于密西西比州麦库姆的鸡肉加工厂之后，当一个学生又提议去见一下桑德森农业公司（Sanderson Farms，SAFM，见图 10—1）CFO 迈克·考克雷尔时，我犹豫了。

	证券名称	货币	价格变动	总收益率	差数	年化收益率
1	标普 500 指数	美元	65.52%	121.01%	−680.25%	5.25%
2	桑德森农业	美元	587.10%	801.26%		15.24%

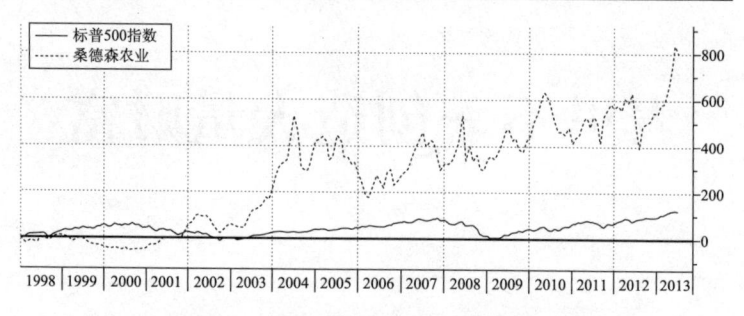

图 10—1　标普 500 指数 vs. 桑德森农业

让我们开始这次开心农场之旅吧，这个公司在巨大的托盘里孵化鸡蛋，并把孵出的小鸡运到密西西比州乡下的农场主那儿饲养。在运送它们之前，这些毛茸茸的小鸡会在环形运送带上快速旋转并接种疫苗。对小鸡来说这像是一次奇妙的旅程，就像要出发去迪士尼乐园的同时还接受了一次医疗保健服务。旅程的前半部分是有吸引力的，但是如果你真的踏上这次旅程的话，你会厌恶后半程。

几周之后，长大的鸡被工厂的卡车运回来。这本质上是

第 10 章　表里不一创造大量财富

一种单向交换。为了不让鸡意识到自己的命运，它们进入的第一个房间是黑暗的。大概十几个穿着工作服的人抓着鸡，并拎着鸡爪把它们倒挂在传送带的挂钩上。传送带把鸡运到车间内并把鸡头拖过一个被水反复冲刷的金属板，接下来他们割开鸡的喉咙。有人对我说，"我想它们会逃跑"，不，几乎没有鸡会跑掉。

"鸡看起来很平静。"我的一个学生热心地对 CFO 说，"你觉得这是因为它们在临死之前见到了上帝吗？"我刚认识考克雷尔先生，当时我就像小甜甜布兰妮在面临有罪指控前那样直冒冷汗！

我猜在其他的 49 个州，我的学生会因为那句话挨个耳光。但是密西西比人简直太好了。"也许会吧，"CFO 耐心地应答道，"但另一个原因可能是浸水的时候有电流通过鸡的全身使它们呆若木鸡。"

在参观开始之前，我曾问过迈克工厂有多大。在我的分类账上有两列分类项，一列是平方英尺，另一列是年收入。迈克回答道，"哦，这是个很大的工厂，在这个厂区我们每周要杀掉 120 万只鸡。"我想我还需要一列分类项来记录死鸡的数量。

在参观工厂途中，我们经过的屋子逐渐变冷。这是好事，会使得某些学生不会腿脚发软，每个人都戴着面罩穿着靴子，因为这个工厂是经过消毒的。

  我实地考察过很多公司,只要走进大楼就能知道公司的氛围如何。有时候你能迅速感受到里面的每个人都彼此厌恶。而你走进像桑德森农业这样的公司则会意识到他们有能力克服各种困难,因为这里就像一个大家庭。公司的投资者报告总是描绘员工和他们的故事,体现了公司非常注重培养员工的主人翁意识。我总是对员工们在桑德森农业公司干了多久感到好奇,这里每个人都互相认识,每个人都相互交流钓鱼的故事,CFO 知道生产线上工人的名字。我亲眼见到生产线上的一个工人在听到 CFO 的钓鱼故事后轻松地回应道,"考克雷尔先生,我喜欢你,但有时候你真的言过其实。"

  有一次我问迈克最低工资变动会对他的公司产生什么影响。他环顾了一下工人说道,"你真的认为这里有人会为了最低工资而工作吗?如果为了最低工资的话,他们就去麦当劳上班了。"

  大家都认为我是一个好人。我身体里连一根刻薄的骨头都没长。但我还是喜欢指派最谨小慎微的学生去进行这次实地考察。你知道的,他们也许是在曼哈顿长大,上寄宿制学校,对于麦乐鸡神奇地出现在纸盒子以外的地方感到无比震惊。经历这些现实很可能对他们是有益的,多年后他们还会跟我谈起实地考察的情景。确实有不敢进去的学生,他们对

第 10 章 表里不一创造大量财富

于在里面可能看到的情景感到惴惴不安,以至于他们不肯下车。我用尽了所有办法,动之以情,晓之以理,但还是有些学生怎么也不想走进工厂!

每当考察结束后,迈克总是带我的学生穿过马路来到一家叫作晚餐钟的餐厅,那里的特色主菜自然是鸡肉了。毫无疑问,这些鸡肉就来自这家鸡肉加工厂。餐厅有一个独一无二的巨大的旋转餐盘,装满着一盘盘美味的南方点心,而顾客会围坐在周围。我对这种旋转餐盘模式总是怀有两种极端感受:要么每家餐厅都应该这样做,要么每家餐厅都不要这样做。

桑德森农业公司的股票取得了巨大的成功,他们把公司管理得很出色。我们的学生总是对考克雷尔先生如何同时运用自己的商学和法律特长感兴趣。为什么桑德森农业公司蒸蒸日上,而其他鸡肉处理企业则经营不善呢?他们高效运营并设法在维持低债务的前提下实现增长。管理层非常精明并找到了一种保持企业家庭氛围的方式,使得无论公司的发展情况如何雇员都有主人翁的感觉。他们距离华尔街的都市大道很远,并置身于一个看起来没什么吸引力的行业中,因此他们被忽视、被低估——正如其他很多稳健的地区性的"被忽视的好股票"一样。

人们总是问我是否还吃鸡肉。我还吃。桑德森农业公司是我见过的最干净、最有效率的企业。

▶ 鸡蛋生产分销商
——看起来简单实际很不简单

卡缅因食品公司（Cal-Maine Foods，CALM，见图10—2）位于密西西比州的杰克逊，这里确实不是上市公司的聚集地。然而，卡缅因食品是全美最大的新鲜带壳鸡蛋生产商和分销商。如果你在商店里挑选一纸盒鸡蛋并把它翻过来——这么做的时候注意保持盒子密闭——即使是商店的自有品牌，也很可能是由卡缅因供货的。

	证券名称	货币	价格变动	总收益率	差数	年化收益率
1	标普500指数	美元	65.52%	121.01%	-1 762.67%	5.25%
2	卡缅因食品公司	美元	1 403.35%	1 883.68%		21.26%

图10—2 标普500指数 vs. 卡缅因

我们关于卡缅因食品的第一份报告将其归类为鸡蛋生产

第 10 章　表里不一创造大量财富

商。后来，公司管理者向我们这些城里孩子指出，他们其实是鸡蛋分销商。"母鸡才是真正的鸡蛋生产商！"

在我们实地参观的时候，公司的 CEO 是弗雷德·亚当斯，CFO 是鲍比·雷恩斯。这些人已经经营卡缅因食品几十年了，他们一直在策略性地收购国内其他的鸡蛋分销商，直到现在成为美国最大的鸡蛋销售企业。

公司的总部设在一幢有 20 世纪 50 年代风格外观的老建筑里，位于杰克逊的伍德罗·威尔逊大道，基本上与博肯路报告的学生们想象的自己在从事金融工作时将会关注的企业是完全不同的。他们觉得自己会关注的是那些在谷歌上班，在工作之余打乒乓球，有时间练瑜伽的人们。但卡缅因是老派企业。没有人会在鸡蛋厂里打乒乓，但它盈利！

这类企业往往是那种要么你工作一天就会离开，要么一干就会干上 30 年的地方。企业的管理层和生产线工人之间同样充满友情。

但是对学生来说，跟踪一家鸡蛋公司是一个巨大的挑战，有很多需要学习的知识。他们意识到公司业务的季节性很强。在一些固定的烘焙季节，如感恩节、圣诞节、复活节等，鸡蛋的销售量远高于平时。同样和其他产品相比，人们对鸡蛋的需求常常更容易受到医学研究的影响。在过去的 20 年中，我们对鸡蛋的观念发生了逆转，从认为鸡蛋对人体有害变成了鸡蛋对人体有益。

现在，市面上有散养鸡的鸡蛋、有机鸡蛋、胆固醇含量低的鸡蛋等等，卡缅因公司也进入了这些领域。对该公司来说，特种鸡蛋的销售恰恰会对这种规模的企业有利。要在全国范围内销售这些鸡蛋，你就必须拥有一个鸡蛋加工厂的网络，因为鸡蛋不适合长途运输。

作为一名学生分析师，你会认为卡缅因是自己被指派到的世界上最无趣的公司。其实不然，你是在与谷类饲料、豆类饲料、食品趋势、卫生局长、劳动成本，甚至奶奶的假日烘焙打交道。他们很快就会改变想法："我在做预测！你准备给我多少变量？"

因此，这家表面上看起来很简单的企业实际上很不简单。虽然他们管理优良、业务稳健，但是卡缅因食品还是招来了很多投机者。与公司的经营情况反映相反，卡缅因食品的股票已经成为对冲谷类和豆类产品（如鸡饲料）价格波动的工具。对卡缅因食品公司的做空比我们跟踪的任何一家企业都要多。这些做空者是在下注卡缅因食品公司的股票会下跌。鸡蛋业务与鸡饲料的关系极其紧密，以至于如果饲料价格上涨，就会挤压鸡蛋企业的利润空间。公司不能自动提高鸡蛋价格，在这个过渡期内，他们的盈利能力会受到影响。

第 10 章 表里不一创造大量财富

公司空头头寸的大小是由一个叫作回补天数（days-to-cover）的高深词汇来度量的。其计算方法是用被卖空的股票数量除以每日的平均交易量。在我写这本书的时候，卡缅因食品被卖空的股票数量是 787 100 股，日平均交易量是 112 000 股，那么它的回补天数就是 5.6 天。这是相当高的一个数值。

但是，你既可以把这种高回补天数的情形看作是走熊的信号，也可以看做是走牛的信号。当你认识到大部分的卖空都是由那些雇有很多商科研究生，运用彭博终端机*，武装到牙齿的老练大"玩家"做出的，这就是走熊的信号。你认为他们很可能是对的——他们以此为生。他们都是些聪明人，他们在下注股价下跌。

但这也可以看作是要走牛的信号。因为如果这个股票开始上涨，不管因为什么原因——不断下跌的饲料价格、需求因素、卫生部的报告——卖空的人就会害怕并买回股票，造成股价大幅飙升。这就叫作"空头抢筹"。

你可以看着相同的数据对不同的方向下注，这就是为何投资股市是巨大的智力挑战的一个原因。

桑德森农业和卡缅因食品都不是那种能令投资者垂涎三

---

* 由彭博社提供的进行股票信息处理的付费电脑服务终端。——译者注

尺的公司，无法提供巨大的、诱人的、一夜暴富的回报。相反，这些股票提供稳定的收益，如果按复利计算的话，它们的长期回报极富吸引力。也许看起来并不像本垒打那么诱人，但是很多不起眼的回报最终会积累成大的收益，并让你的投资组合胜出。

第 11 章

哪些公司会被收购

如果一家公司持续产生可观的回报,或者资产价值被低估,那么最终甚至连华尔街都会发现这一点,从而引发收购。

这里有一个 24 家博肯路报告跟踪的公司的名单(见表 11—1),这些公司自从我们 1993 年开始关注后就陆续被收购了。

表 11—1　博肯路报告 24 家跟踪公司被收购一览表

年份	公司	收购者	收购溢价
1995	Borden Chemical	KKR	+14%
1996	Ambar	Beacon Group	+23%
1997	Melamine Chemicals	Borden Chemicals	+29%
	Ocean Energy*	United Meridian	+8%

续前表

年份	公司	收购者	收购溢价
1998	Ceanic	Subsea 7	+29%
1999	Avondale Industris	Litton Industries	+27%
	Citation	Kelso	+28%
	Meadowcraft	MWI Acquisition	+88%
2000	Crystal Gas Storage	EI Paso	+28%
	KLLM Transport	High Road Acquisition	+15%
2002	ChemFirst	Dupont	+12%
	OSCA	BJ Service	+56%
	JCC Holdings	Harrah's Entertainment	+17%
2003	Ocean Energy	Devon Energy	+3%
	Packaged Ice	Trimaran Partners	+71%
2004	Riviana Foods	Ebro Foods SA	+0%
2006	Sizeler Properties	Revenue Properties	+3%
	Russell Athletic	Berkshire Hathaway	+31%
	Bayou Steel	Black Diamond Capital	+74%
2008	Energy South	Sempra Energy	+33%
2009	NATCO Group	Cameron	+30%
2011	Craftmade Int'l	Litex	+80%
2012	The Shaw Group	CBI	+72%
	McMoRan Exploration	Freeport McMoRan	+86%

* 收购公司保留了 Ocean Energy 的公司名称。

我们并没有特别专注于那些我们认为会被收购的公司，我们更关注股价有吸引力的强大且管理完善的企业，而这恰好就是吸引收购者的公司特征。

我必须指出，很多学术研究表明大部分的合并并不像预期的那样好。新加入的公司不得不应对公司文化、IT系统、领导风格的差异，以及通常会上升的经营杠杆。这就是所谓的"执行风险"。听这名词就会产生一种不祥的预感！

▶ 小公司收购溢价高

在较小的公司被收购的时候，你更可能得到一笔丰厚的收购溢价。我们报告中被收购的公司获得了平均35％的收购溢价，基本上与其他小市值公司的收购溢价是一致的。（尽管我们跟踪的一些企业所获得的收购溢价要高得多。）

相比之下，大市值股票的收购溢价往往会低10％到20％。投资者总是在努力寻找下一个收购对象，你无须花多大力气寻找也会听到大量关于哪个公司随后会被收购的传言。

自股票市场2009年3月跌至谷底以来，标普500指数已经上涨了150％——这是自二战以来最大幅度的股市上涨。尽管如此，有些股票看起来还是被低估了，数万亿的现金被闲置，收益几乎为零。一些现金注定会被用于收购。对公司来说，增加盈利的一种最简单的方式就是收购竞争对手，裁减冗余的管理人员，并从协同中受益。

进行公司收购有若干原因。例如，发起收购的企业也许想将其业务扩展到一个因政府监管而禁入或者无法启动新公司的行业。

或者，公司也许想在自己的行业中拓展产品范围，再有就是收购方也许想拓展其经营的地理范围。对于后两种情形，收购方必须确定是从头开始创办新企业还是收购一家企业的成本更低。

当我审视我们当前跟踪的股票时，发现几家公司看起来像是合理的收购对象。第一个也许是克莱科公司（Cleco Corporation，CNL，见图 11—1），一家总部位于路易斯安那州中部乡下管理优良的小型公用事业公司。它夹在两家大型上市公用事业公司因特捷和南方之间。这两家公司经营的地理范围大，自由现金流充足，并受益于在过去十年中建立的非常高效的新设施系统。这两家大型公用事业公司其中之一看起来有可能介入并买下克莱科，以增强自己的实力。

	证券名称	货币	价格变动	总收益率	差数	年化收益率
1	标普500指数	美元	21.66%	56.20%	−124.21%	3.63%
2	克莱科公司	美元	69.61%	180.41%		8.60%

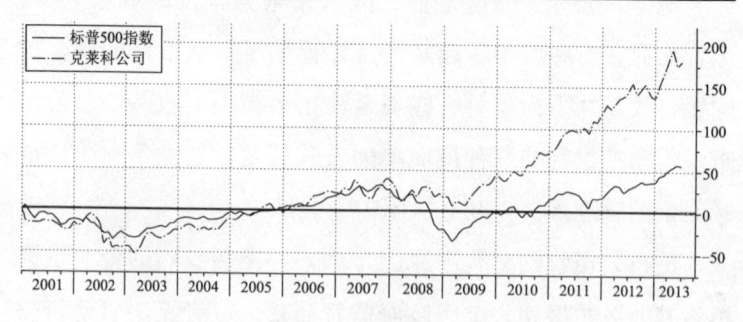

图 11—1　标普 500 指数 vs. 克莱科公司

克莱科公司的总部位于路易斯安那州的派思维尔。派思

第 11 章　哪些公司会被收购

维尔是一个小镇，主要作为该州精神病院的所在地而为人们所熟知。20 世纪 40 年代，路易斯安那州的州长厄尔·朗被送到那儿"休息和调养"。不过，当他意识到他还是州长的时候，就调动国民警卫队来解救自己了。

这里确实位于该州比较偏远的地方，到派思维尔的四小时车程对博肯路报告项目的学生来说的确是一种折磨。

如果克莱科只为路易斯安那州中部的乡下提供服务的话，就不会让人感兴趣。但公司还为发展迅猛的新奥尔良圣塔玛尼教区的城郊住宅区提供电力服务。我喜欢把圣塔玛尼称作全美增长最快的教区行政区。当然，只是开玩笑地说说而已，因为只有路易斯安那州有城市的教区行政区。但不管怎样，这令人着迷。

克莱科是一家盈利能力很强的公用事业公司，股息收益率很有吸引力而且还在持续增长。在我们等待出现潜在收购的时候，股票的收益率为投资者提供了很好的回报。

另一家看起来好像即将被其他公司收购的企业是位于休斯敦的鲍威尔工业（Powell Industries，POWL，见图 11—2）。这是一家已有 60 年历史的公司。他们为诸如油气、电力、运输和水务之类的行业生产设备和提供方案，用于控制和配送电力。

如果人们知道只有五个分析师在跟踪这家公司的话一定

会大吃一惊。公司每年的收入是 7 亿美元，这正好是那种适合被该行业更大的企业收购的公司。自从我们在 2001 年秋季学期第一次关注他们以来，公司的股价已经上升到原来的三倍。

	证券名称	货币	价格变动	总收益率	差数	年化收益率
1	标普 500 指数	美元	32.54%	59.98%	−119.36%	5.61%
2	鲍威尔工业	美元	179.34%	179.34%		12.85%

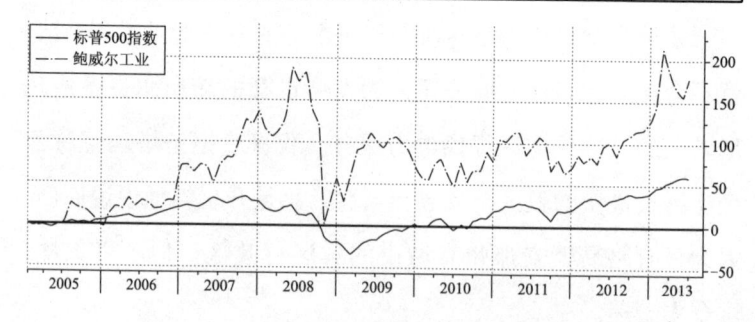

图 11—2　标普 500 指数 vs. 鲍威尔工业

当投资者来参加我们每年的春季会议的时候总是惊讶地发现，华尔街对这种层次的公司好像视而不见。像克莱科和鲍威尔这样的股票也许看起来不令人振奋，或者在短期内不能为投资者赚到很多钱，但是如果你买了这些股票并保持一定的耐心的话，它们会带给你相当高的回报。有时候，价格和行业情况使得公司需要花费很长时间才能让潜在的收购者对其产生兴趣。

很多时候，在有很多大型竞争者的行业中，潜在收购对象是某些细分市场的佼佼者。他们往往拥有优异、稳定的资产负债表——没有收购方不得不承担的太多债务。

他们通常从事一块大公司没有介入的业务。以鲍威尔为例，它所在的行业中有很多为大型项目提供电力系统和设备的公司，也有很多为小项目提供设备的公司。鲍威尔为中等规模项目需求的市场提供产品和服务，这对另一家公司来说会是一个很好的补充。

另一个可能的收购对象是埃贝利亚银行（IBERIABANK，IBKC，见图11—3）。1998年，位于新奥尔良的第一国民商业银行（被当地人称为FNBC）被第一银行（该银行后来成为摩根大通的一部分）收购。这宗收购在该地区的金融行业中产生了巨大影响。FNBC资金管理部门的几名出色的雇员离开公司并加入位于密西西比州格尔夫波特的汉考克银行。这些人发起了汉考克地平线博肯路小市值共同基金。

与此同时，第一国民银行的一些高级管理人员出走并在路易斯安那州拉法耶特创办了小型银行埃贝利亚。要说这是一个只有几栋小型建筑和一个股票代码的银行并不是事实。这个新的管理层已经把埃贝利亚银行发展成经营地域从得克萨斯州直抵佛罗里达州的大银行。由于多数银行都于2005年前后在佛罗里达州开办了分支机构并发放贷款，使得埃贝利

	证券名称	货币	价格变动	总收益率	差数	年化收益率
1	标普500指数	美元	21.66%	56.20%	-258.67%	3.63%
2	坎贝利亚银行	美元	208.10%	314.87%		12.05%

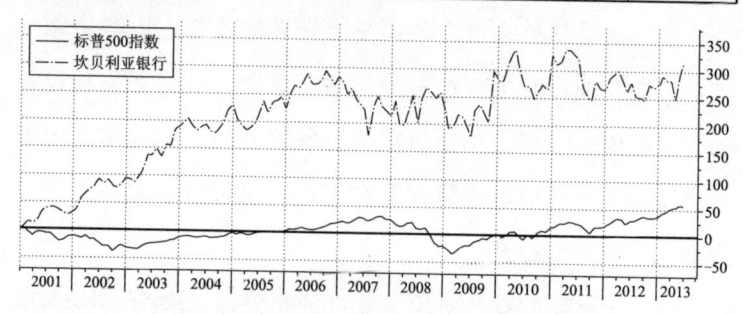

图11—3 标普500指数 vs. 坎贝利亚银行

亚银行可以在房地产泡沫破灭之后以协议价格从美国联邦储蓄保险公司购入了很多当地的破产银行业务，从而在该州站稳了脚跟。该银行的业务集中位于全美银行业发展最快的地区之一，使其成为对更大型的全国性银行颇具吸引力的收购目标。

▶ 上市的利弊

几年前，大部分企业家都希望最终能让公司上市。上市是"圣杯"，IPO会让你成为非常富有的人，管理一家上市公司是终极的地位象征。

现在的情况已经变了。自安然丑闻以来，之后发生的两件事让公司上市的吸引力大降。一个是《萨班斯—奥克斯利法案》(Sarbanes-Oxley Act) 的通过，该法案强化了对上市公司的监管，并让公司高级管理层为财务信息的准确性负责。现在，对上市公司的例行检查非常多，所需的各种文件工作也非常多，虽然这有助于恢复投资者信心，但对小公司来说却特别困难（成本也特别高）。《萨班斯—奥克斯利法案》让经营管理企业的人陷入窘境。CEO 和 CFO 要在财务报表上签字，如果有什么地方不对，他们就会陷入牢狱之灾。如果发生任何意外的事情，不管是财务上的，还是法律上的，董事会成员也会惹上麻烦。

成为一家上市公司会面临一些不利因素。经理们必须在三个月的时间内让企业步入正轨。如果表现总是与预估的不相符，股票分析师会说你在对他们撒谎。如果你压根不做预估，恭喜你，他们会炒掉你、抛弃你。这就是很多公司遇到的问题。

另一件事是，上市公司必须披露所有重大事项。我永远不会忘记拜访路易斯安那州一家新上市石油公司的 CFO 的情形。他告诉我公司花了很多钱钻探了一口空油井，以及公司的法务部是如何要求他必须为此开一个新闻发布会的。从好的方面看，公司也有了新的发现——油井钻探失败会让周边的房地产升值，如果能在消息走漏之前低价买入物业并在公布消息之后卖出应该会大赚一笔。但这只是美好的愿望罢了。

过去，一旦管理者达到一定年龄就开始计划钓钓鱼、打打球、让朋友把自己安排在上市公司董事会中的退休生活。但是现在，上市公司的董事会尽可能聘任真正的"独立"董事，担任上市公司的董事既是一项义务，也是一项责任，以至于好的董事很难被找到。

于是，曾经将公开上市视为其自然而然的下一步发展的公司已经不再这样想了，而已经公开上市的那些公司则寻思着退市。这样的结果是，小微市值的企业正在被收购，而几乎没有新的公司出现来替代他们。

在我们举办的一次博肯路报告投资会之后，一个人走过来找我谈话，他管理着路易斯安那州最大的公司之一。他说，"这些公司中的一半都不应该上市。它们太小了，却承担了上市的所有坏处，比如上市成本和责任，但没有从上市中得到任何好处。"上市公司的分析师和投资者不断追求短期业绩，迫使公司追求短期目标，这对经营企业来说不是好事。

此外，公开上市的首要原因是你想提高融资能力，你希望你的股份成为购买其他公司的通货。但是，很多管理者觉得，他们的股价被市场低估了，不想在这样的价格水平上出售股份。

第11章 哪些公司会被收购

➤ 合并浪潮

最近在观察股票市场的时候,我不由自主地想起圭多·萨杜奇神父一个有趣的老电视节目:五分钟大学。这个节目的概念是,在五分钟之内——用20美元——他可以教你一个普通大学毕业生在毕业五年之后还能记住的读大学时学到的东西。当他谈到经济学的时候,他带着熟悉的微笑看着观众。

"供给和需求,"他点着头说,"就这些了。"

萨杜奇神父的确抓住了重点。就股票市场而言,关键是供给和需求,虽然大部分投资者往往认为有无限的股票供给,但事实并非如此。实际上可供投资者购买的股票供给在过去的几年里一直在稳步下降。

低股价、低利率、借款容易催生出真正令人炫目的收购狂欢。令人很难相信的一个事实是,现在威尔逊5000指数的上市公司数量比12年前少了45%。自2000年以来,大约有3 000只股票已经消失了,如图11—4所示。

将上述情况与之前讨论过的股票回购飙升现象相结合,对那些仍然公开交易的股票来说无疑是一个走牛的因素!这对投资者意味着什么呢?任何一个学经济的学生都可以告诉你,可供个人和机构投资者购买的股票数量的减少,会抬高

经验值为 0 如何选出大牛股

```
7 000 ┤ 6 639
6 000 ┤      5 672
5 000 ┤           4 989  4 961
4 000 ┤                       4 593
3 000 ┤                            4 008  3 687
2 000 ┤
1 000 ┤
    0 ┴ 2000  2002  2004  2006  2008  2010  2012
```

图 11—4　上市公司数量的锐减

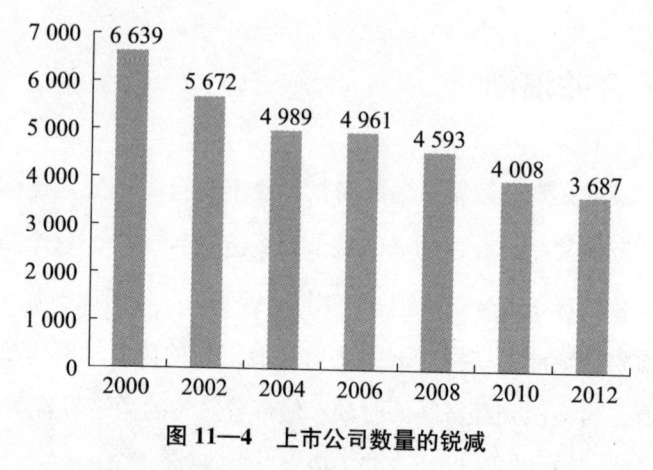

资料来源：由威尔逊 5000 指数统计。

股票的价格。在感觉他们的股票被市场充分认可之前，公司会一直回购自己的股票。

这就是更多资金追逐更少股票的结果。供给和需求，一个五分钟大学的毕业生都能理解的事情。待会儿见！

第 12 章

别轻信流言

与电视节目《流言终结者》(我最喜欢的节目之一)不同,很抱歉,我们在这一章里不会再爆料了。倒霉的预算限制!但是,我愿意澄清一些重要的流言,这些流言会让人们正好在错误的时间远离股票市场。

▶ 流言 1:这次不同

金融学中最危险的话是"这次不同!"

经验值为 0 如何选出大牛股

从来就没有不同。这就是资本主义，它在本质上是一个周期性的经济系统。现在，最危险的话很可能是"嗨，我们正在一起回归价值！"

你往往会在股价高得离谱或低得离谱的时候听到这些说法。在 2008—2009 年的金融危机中，恐慌程度高到你完全无法跟投资者讲道理。股价的暴跌让投资者可以以一生中所能遇到的最低价格来购买股票。从另一个角度看，在 1999—2000 年间，市场估值（尤其是科技类股票）高得让人难以置信，投资者疯抢硅谷公司的股票，而这些公司没有盈利、没有资产、没有现金流。可谁会在乎呢？

1999 年夏天，我正在南卡罗莱纳的希尔顿黑德面对 400 位资金管理人发表演讲。在我之前的演讲者曾讲到，传统的股票估值方法不再适用，这是"一个新范式"（"这次不同"的另一种说法）。就在我走上讲台之前，会议主办方把我拉到一旁说，"我知道你对当前市场的看法，但是，你能不能只讲些积极的东西？"我问他，是否能接受我说两点负面的看法。科技公司云集的纳斯达克指数再也没有从那次互联网泡沫的破灭中完全恢复过来。

我讲授本·格雷厄姆和沃伦·巴菲特那种老式的基本面分析，这种分析基于盈利和资产负债表，在 1999—2000 年间，我在课堂上看起来像是某种恐龙。我还记得，有个本科

第12章 别轻信流言

生课后走过来对我说,"我在研究我的朋友乔什给我推荐的这只股票,可用我在课堂上学的知识来看,这只股票没有市盈率。"出于对当前市场与传统估值方法不一致的愤怒,我说道,"吉米,没市盈率是因为这个股票根本没有盈利。"哎,在那段时间讲授价值投资是很艰难的。我是漫步在大学校园里的意大利老愤青。

事实上,自股票市场建立以来,它的价格(由标普500指数度量)在75%的时间里都是上涨的。自1926年以来,股市提供的年度总回报率正好在10%上下。从长期来看,股票的表现优于任何其他资产,包括房地产和债券。

这里有一点关于资金管理的"内部信息"。资金管理人通常不会因为在股市下跌时满仓持有股票而被客户解雇。这些投资者做了资产配置,并把钱交给资金管理人来获得对特定资产类的敞口。然而,在股市上涨时,如果资金管理人持有太多现金(并退出股市)的话,就一定会被客户解雇。这就对股票价格产生另一种向上的偏差,证实了留在市场比退出市场更安全这一准则。

接下来再换个角度看一下股票市场长期的表现图(见图12—1)。

如果你从长期看,过去的衰退和灾难看起来并不是那么具有毁灭性。当你身处其中的时候感觉像是世界末日。如果

经验值为0 如何选出大牛股

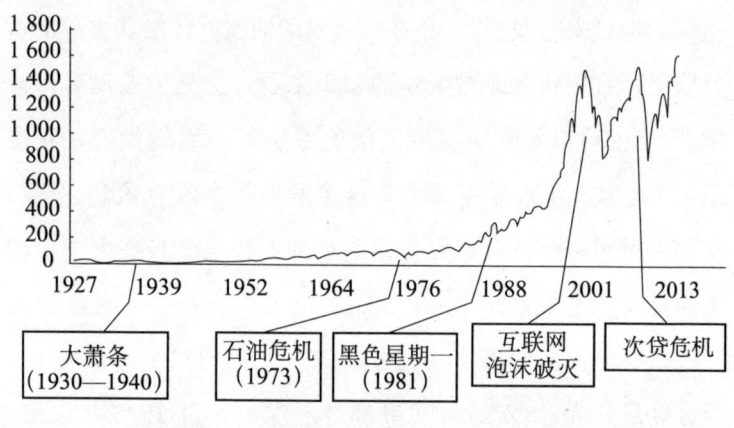

图 12—1　标普 500 指数（1927—2013）

经历过后回头看，就会明白这些"调整"实际上没什么大不了的。

▶ 流言 2：随大流总没错

如果大多数人是正确的，那么大多数人都会变得富有。

华尔街有句老话——"你来为欢乐的共识埋单吧。"换句话说，在你的同行投资者都一致认为股票是一种伟大投资的时候，股票很可能不再是便宜货了。而当华尔街遍地都是空头的时候，做个多头更好。

例如，在 20 世纪 90 年代，三分之二的美国人认为国家误入歧途。事实证明，20 世纪 90 年代正是一个投资股票市

第 12 章 别轻信流言

场的黄金时期。

接着，2000 年的时候，80％的美国人认为国家蒸蒸日上，然而，用股票市场衡量的话，我们陷入了失去的十年。

2010 年的时候，几乎每个人又都感到国家走"岔路"了。然而，自从 2010 年以来，股市几乎是直线上升。虽然听来怪异，但如果你想赚钱，就要在股市里做一条逆流而上的沙丁鱼。

▶ 流言 3：共和党万岁

有种流言是，在民主党入主白宫的时候不要进入股市。共和党被认为是更支持商业的，因而投资者认为，在共和党人担任总统的时候，股市会表现更好。

事实是，从历史看，在民主党人出任总统的时候，股市表现更好。在过去的 20 年中，这一趋势再明显不过了（见图 12—2）。

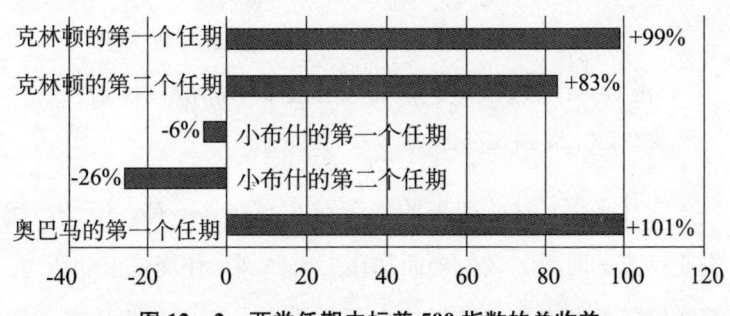

任期	收益
克林顿的第一个任期	+99%
克林顿的第二个任期	+83%
小布什的第一个任期	-6%
小布什的第二个任期	-26%
奥巴马的第一个任期	+101%

图 12—2　两党任期内标普 500 指数的总收益

▶ 流言 4：失业率高的时候，远离股市

嗯，这听起来有道理……可只要你仔细想想，事实恰好相反。自 1948 年以来，当失业率在 6.6% 之上时，股票的收益率会高出三倍，见图 12—3。

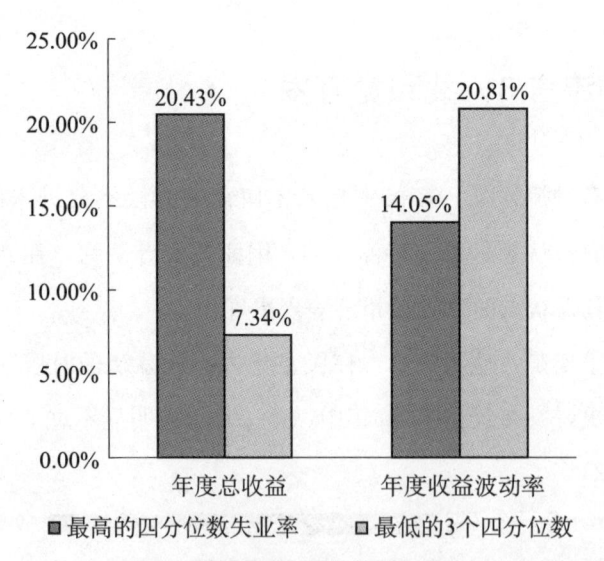

图 12—3　根据失业率得到的美国股票市场的风险和收益

资料来源：Wells Capital Management/Spring 2013.

为什么呢？这听起来的确有点儿与直觉不符。但是，当失业率高的时候，政府会面临让工人回到工作岗位上的压力。美联储降低利率并将其保持在低水平上，政府会开始在大型

项目上投资来刺激经济。这正是我们的股票市场和企业想要的。

这几点足以解释为什么"一般投资者"只获得了远远"低于平均水平"的回报率。再考虑关于大部分投资者的如下事实：

- 未做分散化投资。
- 没有完整的投资计划，往往按照那些从"朋友"处听来的或者财经媒体报道的传言来购买热门股票。
- 是投机者而不是投资者，缺乏耐心。

考虑所有这些因素之后，就不难明白为什么大部分人在投资股票时都会收获不如意的（或糟糕的）经历了。

第 13 章

社会名流和预言者

▶ **曝光经历**

非常幸运,在过去的 20 年中,博肯路报告在全国性媒体上受到广泛关注。这又给我带来一些难得的机会。比方说,我参加了两次《华尔街日报》组织的"投飞镖选股大赛"。在这个比赛中,要求四位资金管理人各自选出一只他们认为在未来六个月里会有好的表现的股票。你不仅需要跟你的股票专家同行竞争,而且你还要向用股票页覆盖的飞镖盘上投中四支飞镖。

当然，这与我在课堂上讲的有冲突，因为六个月不能做长期投资，一只股票也不能构成分散化的组合。这也表明，跟随财经媒体的建议不一定会前往应许之地。在每次比赛中，我都是四位资金管理人中的第四名，而且还投砸了飞镖！然而在比赛结束之后，我选的两个股票都被收购了，股价也大幅上涨。

我还在全国性的 PBS 电视台的《晚间商业报道》栏目中担任过几次嘉宾。《冲出迈阿密》是个老牌财经节目。主持人汤姆·哈德森跟我谈起博肯路报告的结果，当他说道"我认为你的学生很聪明——但是你们也只是恰好在正确的鱼塘里钓鱼罢了"的时候，让我有点儿措手不及。我得说，小的、关注不够的、有业绩的公司，就是下钩的最好地方。

▶ 学生们的职业跳报

在 2010 年的秋季学期，CNBC 电视台的明星节目《疯狂的钱》的主持人吉姆·克莱默要来校园做节目。克莱默在全美商学院学生的心目中是个大众英雄。校园里轰动了。他的高质量节目极大地推动了公众对股票市场和选股的兴趣。

制作方为节目提前做了很多准备，在录制节目的前几周，CNBC 为我的课堂送来一个大大的、毛茸茸的、红色的公牛吉祥物（我还以为里面有个人）。公牛挤进博肯路报告课堂的

第 13 章 社会名流和预言者

课桌里以便录制一段他们为节目准备的预告片。第二周,克莱默和他的工作人员来到学校。他是一个非常和蔼、言语温和的人——与他的电视形象不同——他非常喜欢我们送给他的杜兰大学 T 恤衫(这肯定打动了他,因为他女儿现在正是杜兰大学的学生)。但是,当摄像机开动的时候,场面一下热烈了起来,这个节目真是够酷!

博肯路报告的一个学生莱姆·凯里参加了吉姆·克莱默主持的《疯狂的钱》节目,介绍了迈克默兰公司的股票,这是一家在路易斯安那州沿岸近海开展业务的有巨大潜力的石油和天然气钻探公司。我们把这种研究股票的方法叫作"劣中寻优"。

博肯路报告的三个学生在节目里向主持人抛出了他们对股票的看法。克莱默和学生们在电视上唇枪舌剑的时候表现得尖锐但公正。对这些学生来说，这是一生难得的机会。让我感到高兴的是，他们现在都在投资行业工作。

参加这个项目的学生在毕业的时候都具备了出色的实践能力，博肯路报告是一个难得的职业跳板。

▶ 与沃伦·巴菲特的交往

就在 2008 年 10 月雷曼兄弟银行倒闭（或称"世界末日"）之后不久，我带着 27 个学生去了内布拉斯加州的奥马哈，此行的目的是与投资传奇沃伦·巴菲特共度一天。这次旅行是几个月之前就计划好的。我总是感觉巴菲特会喜欢我们这种关注小市值、被忽视股票的研究，因为他在投资领域就是这样起步的。现在，他掌握的钱多了，也就需要关注那些大名鼎鼎的高市值股票了。

我做过很多公开演讲，见过很多著名人物，有些在我与之熟识之后也就感到不过如此。但是，沃伦·巴菲特让我佩服。他睿智、幽默，在时间上也很慷慨。

在参观了他的内布拉斯加家具超市和他的波仙珠宝商店之后，我们走进他很棒但很低调的办公室开始了几个小时的访问。之后的环节是和他出去共进午餐，就在其他学生走向

第13章 社会名流和预言者

等待中的大巴车的时候，同时获得参加吉姆·克莱默和沃伦·巴菲特之行的一个学生喊道："我坐沃伦的副驾驶座！"有幸与巴菲特先生同车去了附近的短笛餐厅。

午餐之后，我们送给巴菲特一个特制的棒球球棒以纪念我们的来访。在他耐心地与我们一一合影的时候，把球棒递给了我，意思是让我把球棒放到他车里。当几个学生和我一起沿着马路走向他的车的时候，我们想："他的车门是开着的？地球上最富有的人不锁车？"

作者和沃伦·巴菲特

是的，我打开后门并把棒球棒和雨伞一起放在他林肯汽车的后排座位上。我不得不打开车窗，因为我的学生认为这一定有陷阱。

每当华尔街的所有其他人都感到惊慌失措的时候，沃伦·巴菲特总是平静而睿智。

他指出，因为公司和个人都在去杠杆，政府别无选择，只能加杠杆。

当时正处于房地产市场崩溃的过程中。巴菲特说，最大的问题就是有太多的房子。过剩的房子必须通过经济系统找到出路并随着时间的推移得以消化。巴菲特开玩笑说，通过"炸掉"150万套房子我们就可以更快地走出困境。但是，哪些房子会被炸掉呢？这些问题会激起一些争议。

就在同一天，他现在已经非常著名的专栏出现在《纽约时报》上。他呼吁大家冷静下来，并认为对长期投资者来说，现在的股票价格是非常有吸引力的。他是在巧妙地祛除那段时间的魔咒："这次不一样！是该恐慌的时候了！"

现在回想起来，当时他是完全正确的。

我喜欢他的投资哲学。一般来说，我更倾向于听到长期观点，因为我认为股价的短期波动是随机的，而长期投资主题更有预测的可能（而且有利可图）。

最后一个问题是一个学生问的，他问道，"这段时间的华

第13章 社会名流和预言者

尔街有多糟呢?"巴菲特先生稍作停顿,接着讲了这样一个故事:

> 我听说在上周五股市崩盘的时候,一位投资银行家离开他的办公室,回到他在长岛的豪宅,在门口碰到他的妻子,并对她说,"亲爱的,我们得谈谈。"
>
> "看起来我今年不会有奖金了,亲爱的,也许明年也不会有了。因此,亲爱的,我真不想说这些,但是恐怕你得学着做饭了,因为我们马上就要解雇厨师了。"
>
> 她盯着他的眼睛回答道,"亲爱的,那么你也得学着做爱了,因为我们马上就得赶走园丁了。"

我喜欢这个人。

▶ 选股:一门失传的艺术

现在,关于股票的看法甚至已经不再出现在日常交谈中了。虽然大部分人都知道我做的事情,但在鸡尾酒会、烧烤晚会或水煮龙虾宴上,我却很少谈自己的看法。

在我每周的电台节目里,我让每位嘉宾挑选一只股票,可得到回答就像拔牙一样困难。很多嘉宾(而且他们都是商业人士)告诉我,他们不关注股票,就算能勉强选出来,每

经验值为 0 如何选出大牛股

周也都是少数那几只股票（如苹果、亚马逊、谷歌，等等）。我还得到一些新颖的投资主张，如伊拉克的第纳尔、保单贴现、古代金币。黄金投资产品还在深夜电视节目上做广告。哎，回过头来看，我听信深夜电视节目广告所买的东西通常都不怎么样！

我想，1999—2000 年的互联网泡沫破灭以及 2008—2009 年的金融危机，可能已经毁掉了整整一代投资者。事实上，财经网络 CNBC 当前给金融形势的评估是 20 年来的最低点。甚至我的学生最近看起来都有点儿被吓坏了。批评是分析师或投资者的一种优秀品质，但很多学生都系统性地低估了我们跟踪的股票的财务表现和升值潜力。即使在有幸遇到一家令人兴奋的、处于有利地位的公司之时，一些学生还是不以为然。

作为一名逆向投资者，我把当前人们对市场缺乏兴趣视为一个仍有机会的信号。

第 14 章

一些简单数字必须会看

虽然我们多数人都是从《芝麻街》里面接受的数学启蒙，但我们还是要面对它。这里要介绍的是一些基础的股市数学，我打算用比基尼模式来介绍——用最少的内容来涵盖最关键的部分。

哎，我们是发明数学焦虑症的国家。（据说，我们大部分人都只用了我们大脑的 20%。有时候我会好奇我是怎么处理其他 70% 的大脑的。20% 加 70% 等于多少？原谅我，美国人数学就是不好。）有一些数字和计算对投资者非常有用。这些数学并不复杂，大部分数据可以从雅虎财经这样的网站上轻易获得。

▶ 市盈率

我选择通过 AFC 企业（AFCE，见图 14—1）来说明如何考察市盈率。你很可能没有听说过这个公司，他们旗下的门店叫作派派思快餐。AFC 企业是由个性十足的新奥尔良企业家艾尔·科普兰创办的。肯德基要大一些，但它是庞大的百胜集团的一部分，这个集团还包括其他的食品运营商，如塔可钟和必胜客。有 24 个分析师在跟踪百胜的股票，但是仅有 5 个分析师在关注 AFCE。当然，这么说是非常主观的，但是在新奥尔良，每个人在参加狂欢节游行的时候都会拿着一盒派派思炸鸡！

他们在 28 个国家经营着超过 2 000 家餐厅，自从切莉尔·巴切尔德于 2007 年加入公司并担任 CEO 以来，这家连锁店实现了大幅的扩张。

当你关注一家公司的财务信息时，你几乎总是从个股的角度来审视，这使得比较截然不同的公司的表现变得非常容易。这就是一个叫作市盈率（Price/Earnings Ratio）的重要指标的基础，或者简称 P/E。

P/E 是一个简单的计算，用股票价格除以每股收益，计

第14章 一些简单数字必须会看

算结果有时候被叫作"倍数"。P/E越高,投资者对公司财富的期待就越强烈。如果你有一个股票的价格是20美元,每股收益是2美元,那么P/E就是10。如果同一个股票的每股收益是1美元,那么P/E就是20!或者换一种说法,股票是按照市盈率20乘以每股收益所得到的价格来出售的。

$$\frac{每股价格}{每股收益} = 市盈率①$$

作为一名投资者,你必须关注收益。这通常是最重要的一个变量。

	证券名称	货币	价格变动	总收益率	差数	年化收益率
1	标普500指数	美元	8.98%	23.99%	-117.06%	3.76%
2	AFC企业	美元	141.05%	141.05%		16.29%

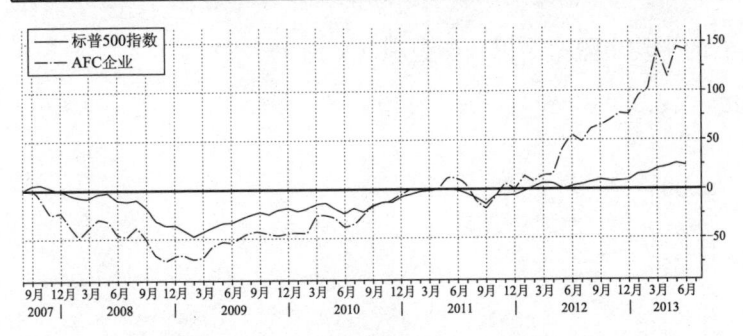

图14—1 标普500指数 vs. AFC企业

---

① 如果我们用的是最近四个季度的动态收益,那么我们就称之为动态P/E(trailing P/E)。如果我们用的是未来12个月的预测收益,那么就称之为预测市盈率(forward P/E)。

AFC 企业（7/5/2013）

- 过去 12 个月的每股收益　　　　1.29 美元
- 预测未来 12 个月的每股收益　　1.49 美元
- 动态市盈率　　　　　　　　　　29.0 倍
- 预测市盈率　　　　　　　　　　25.6 倍

就在我写作本书的时候，股票市场（用标普 500 指数度量）价格相当于 15.5 乘以明年的预期盈利。AFC 企业的预测市盈率是 25.6，比当前的整个市场水平高出 70％左右，这意味着，投资者已经将公司一些相当令人振奋的增长前景"反映到价格中"了。

自 1990 年以来，股票市场的价格水平相当于 16.5 倍左右的平均市盈率乘以预测盈利（见图 14—2）。

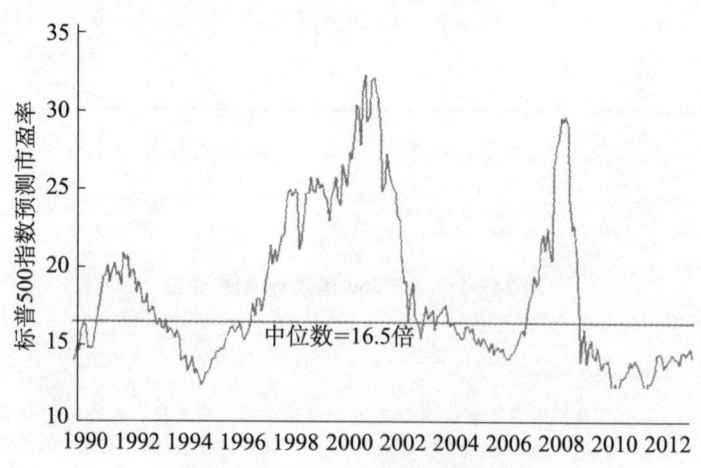

图 14—2　股票市场的历史市盈率

第14章 一些简单数字必须会看

人们常说,在买方比卖方更多的时候,股票价格就会上涨。一个更好的答案也许是,在公司业绩超过预期的时候,股票价格就会上涨;在公司业绩让投资者失望的时候,股价就会下跌。

我曾听到有人建议在11月份买零售公司的股票,因为圣诞节是他们一年中业务最繁忙的时候。没错,的确如此。(感恩节之后的那一天叫作"黑色星期五",因为大部分零售商在那天晚上营业到黑夜。)但是每个人都知道这个,要让这些股票上涨的话,商店需要的不仅仅是忙碌,他们需要比华尔街的预期赚更多的钱才行。

如果用这种方式来看待公司的话,你应该希望找到一家市场预期非常低的公司。我们喜欢搜寻那些人们刚刚认识的公司,它们的表现往往可以超过预期。高市盈率意味着市场对一家公司的期望太高了。

- 对公司盈利的预期增长率越高,市盈率就越高。
- 影响市盈率的另一个因素是资产负债表。一般来说,投资者会为一家财务状况不错的公司支付更高倍数的价格。
- 类似的股票往往以大致相同的市盈率出售。例如,雪佛龙和埃克森会以大致相同的市盈率出售股票。一家高科技公司也许会按50倍的市盈率来出售股票,因为公司的增长潜力相对于现在的情况来说是非常高的。另一方面，一家传统的食品公司股票也许会仅按10倍的市盈率来出售，因为公司的盈利增长不会很快。

▶ 股价催化剂

当学生们在课堂上向我提出关于一只股票的想法时，我向他们提的第一个问题是，"什么会让这只股票的价格涨得更高？"换句话说，使其价格上涨的催化剂是什么？学生们在挖掘信息方面表现出色，但是，除非这些数据能带来更高的每股盈利或者更高的市盈率倍数，否则的话，就不能作为投资的依据。

这个问题只有三个可能的答案。下面是会让股票价格上涨的三种情形。

A. 因为企业拥有坚强有力的管理层且市场对产品确有需求，从而盈利能表现出稳定的增长。

B. 华尔街不喜欢这只股票（即使在很了解的情况下）。如果该股票引起新的分析师和投资者的注意，这就会推动其市盈率上升。我们经常发现，很多股票低价出售只是因为缺乏刺激其价格上涨所需的催化剂。我们开玩笑地将这些股票称为"永远的便宜货"。

C. A 和 B 的某种组合。如果你遇到盈利和市盈率同时上升的情形，那么这会带来股价的真实提升。

▶ PEG 比率

现在，我们来看一下休斯敦电缆（Houston Wire & Cable，HWCC，见图 14—3）。这家管理完善的公司是电气分销和电缆制造之间的专业电线电缆中间商。虽然有"孤星"的绰号，但其经营范围遍及全美国，在这一领域有持续 35 年的声誉，并因其广泛深入的以区域化为特征的库存而闻名。我把这只股票的起伏看作是国家整体经济健康状况的晴雨表。我们自 2010 年以来一直在写关于休斯敦的报告，但是仍然只有 4 个分析师在跟踪这只股票。

PEG 比率的基本逻辑是找到相对于其市盈率估值而言有高预期增长率的股票。用预期增长率除以市盈率，理论上我们的目的是在试图找到 PEG 小于等于 1 的股票。这意味着，我们没有为公司的增长潜力花冤枉钱。找到一只低市盈率的股票相当容易，但是 PEG 比率提供了一点更深刻的洞见，即也许某个股票有一个非常低的市盈率是事出有因。PEG 比率会告诉你答案是什么。

经验值为 0 如何选出大牛股

	证券名称	货币	价格变动	总收益率	差数	年化收益率
1	标普 500 指数	美元	44.05%	55.07%	26.09%	13.38%
2	休斯敦电缆	美元	16.30%	28.98%		7.56%

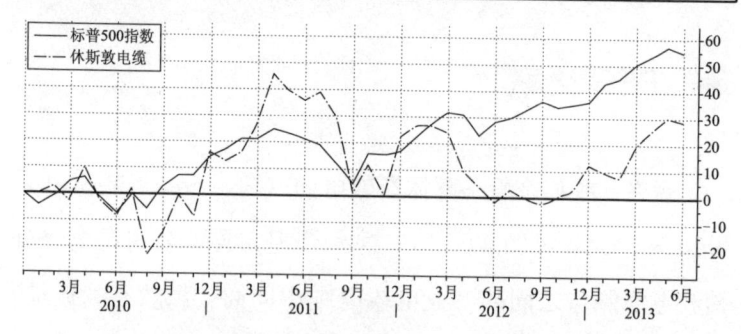

图 14—3 标普 500 指数 vs. 休斯敦电缆

休斯敦电缆（7/3/2013）

动态市盈率　　　　　　　　15.0 倍

预测增长率　　　　　　　　16.0 倍

PEG 比率　　　　　　　　　0.97 倍

增长率是由尽其所能收集关于股票及其影响因素的信息的分析师根据这些信息所做出的预测。分析师从预测未来中获得回报，你可以在几个投资网站上找到他们的估计和预测。

休斯敦电缆公司的 PEG 比率是 0.97 倍，低于 1.00，这引起了我们的兴趣。一种流行的投资风格叫作 GARP。GARP 投资者愿意为"价格合理的增长"（Growth at a Reasonable Price）埋单，PEG 比率对这些人来说是一个很好的估值工具。

➤ 企业价值/EBITDA

企业价值除以 EBITDA（Earnings Before Interest，Taxes，Depreciation，and Amortization，税息折旧及摊销前利润）所得数值是一个对股价的重要度量指标。

我选择通过一个叫作 RPC 的公司（RPC，Inc.，RES，见图 14—4）来考察企业价值/EBITDA 这个指标。RPC 是博肯路报告长期跟踪的一个公司，该公司为油田提供一系列配套服务。自从我们于 2001 年开始关注这家公司以来，其股价已经经历过多次大的变动。近几年来，公司已经成长了很多，现在实际上被视为中等市值的股票。RPC 公司的知名业务是油井灭火和油气泄漏的处理。

企业价值/EBITDA 的原理是这样的：分子是企业价值（Enterprise Value，EV），是实际购买公司要花费的价钱，即用市值加上公司所欠的所有债务减去公司持有的现金和流通证券。

经验值为 0 如何选出大牛股

	证券名称	货币	价格变动	总收益率	差数	年化收益率
1	标普 500 指数	美元	21.66%	55.10%	−959.24%	3.57%
2	PRC 公司	美元	814.91%	1 014.34%		21.26%

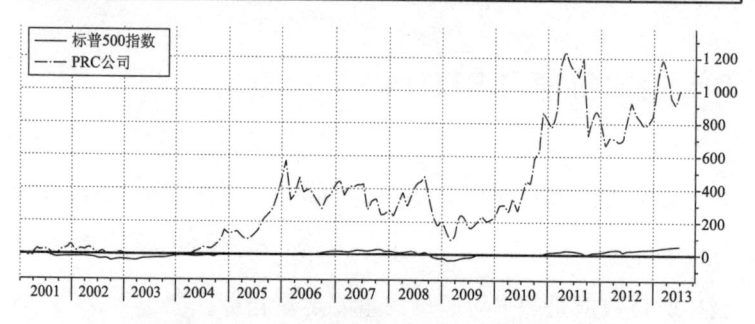

图 14—4 标普 500 指数 vs. PRC 公司

计算企业价值的公式为：

$$\left(股票价格 \times \begin{matrix}发行在外\\的股份数\end{matrix}\right) + \left(总债务 - \begin{matrix}现金和\\流通证券\end{matrix}\right)$$

RPC 公司（7/5/2013）

股票价格	14.06 美元
发行在外的股份数	220 560 000 股
总债务	87 600 000 美元
现金和流通证券	10 280 000 美元
企业价值	3 178 400 000 美元

现在，我们再看一下分母——EBITDA。

EBITDA 本质上度量的是现金流，或者，准确点说是"税息折旧及摊销前利润"。也就是说，EBITA 度量的是企业的经营现金流，是一个比较公司的好方法。

大多数分析师更愿意参考 EBITDA（或现金流）而不是每股收益（Earnings Per Share，EPS），因为每股收益容易操纵。折旧、资产出售以及其他财务策略可以改变每股收益并掩盖公司的实际经营情况。RPC 公司最近的 EBITDA 是 592 240 000 美元。

由此可知，该股票的企业价值/EBITDA 数值是 5.3 倍。有吸引力的企业价值/EBITDA 数值会因行业的不同而不同，但是，5.3 倍看起来非常合理。我们喜欢的是这个数值小于 8 的那些股票。

➤ 什么是企业价值

企业价值是一个你可以在网上找到的度量指标。这也是我们决定写入每一份博肯路报告中的东西，下面是这一决定背后的故事。

有一个关于年轻商业领袖的全球性网络，对年龄在 50 岁以下的著名企业总裁开放。这是一个有关"有权有势的人"的群体，不过这些有权势的人比较年轻。他们在某个地方接受培训并聚会，一起分享交流，等等。

路易斯安那州这边的一些成员对到了 50 岁的时候该团体

就"不邀请"他们这件事多少有些失落。于是，他们决定自己组织聚会以一直保持紧密关系。即使的确刚刚一起喝过酒，但是为了体面起见，他们至少还安排了一个与教育培训相关的内容。有一年他们就找到了我。

我收到一份邀请，说是这些人打算举办一次会议，并问我是否能来谈谈博肯路报告。他们在最酷的地方聚会：隐没在密西西比河堤坝一侧河滩高地上的一幢漂亮别墅。我背起装满博肯路报告纲要的帆布包，攀上绿油油的堤坝，走过一个快要散架的跳板。打开门，房间里果然挤满了百万富翁。

这是一幢漂亮的房子，在我看来，简直是最好的俱乐部活动举办地。门廊正好在河上，由轮胎组成的一个橡胶短吻鳄放置在厨房吧台上——这幢房子就是那种口袋里有些钱而妻子又不唠叨的家伙买的。

船距离门廊大约有 200 英尺。我看着巨大的海船直接来到我的面前，进到船里之后，我想，嗯，我们都要死在这儿了！当然，这些巨大的船被熟练地驾驭着，每次都安全地驶入河的上游。

在很棒的午餐结束之后就是演讲的时间了。我分发了一沓每份一页纸的报告，这个报告是关于我们跟踪的所有公司的。我滔滔不绝地讲述着一家在路易斯安那州和得克萨斯州拥有四个船坞的公司，他们在那儿建造和修理轮船、驳船，

第 14 章 一些简单数字必须会看

甚至是客轮。我告诉我的听众,在摩根城外有一家康拉德工业公司(Conrad Industries,CNRD),这个公司的股票不错。

有个人浏览了一下报告,拿起饮料,问我,"需要多少钱?"我说 1 股 6 美元。他说道,"不,小伙子。我想知道是整个公司值多少钱。"以特有的百万富翁的方式,他问的是公司的"企业价值"。

➤ 越低,越好

低市盈率、低 PEG、低 EV/EBITDA 比率,正是投资者希望看到的真实价值。当就股票的相对吸引力来进行比较时,这些度量指标特别有用。价值投资通常需要很好的耐心。其他投资者也许要花费很长的时间来认可你的发现。

第 15 章

学会提问

　　我喜欢发掘和研究上市公司。当然,这需要具备很多个人素质,但好奇心是第一位的。我总是对一切都充满好奇。我是那种在主日学校都喜欢提问的孩子,"但是,爸爸,如果耶稣真的是犹太人,为什么取个西班牙名字呢?"总的来说好奇心对人有益,但是,过犹不及。

　　每年春天我们都会举办博肯路报告投资会。我们跟踪的大部分公司的管理者都会来对其公司和行业的前景予以说明。会议是免费的,并对公众开放,每年能吸引大概 700 名投资者。好吧，会议总是安排在爵士乐文化遗产节（www.jazzfest.com）的第一个星期五，这也有助于吸引人们前来参会！会议还有一个任务就是展示我们学生所做的研究报告。（报告和学生录制的视频在我们的网站 www.burkenroad.org 上可以免费获取。）

无论你是在像博肯路报告那样的会议分组讨论期间遇到他们，还是自己联系他们，聪明的小投资者会发现，跟那些你正在考虑购买其股票的公司经理聊聊会大有裨益。

对比较小的公司来说，你可能有机会跟公司的CEO谈谈，但是，很可能你更需结识的那个人是公司的CFO。通常，CFO还是注册会计师，其中大部分人之前都在四大会计师事务所工作过。他们通常正在对某家公司做着审计工作，审着审着，该公司管理层的某个人就会来劝他说，"不要再住汽车旅馆了，安定下来成个家怎么样？来我们公司上班吧。"

在遇到大公司的时候，你往往会见到一位负责投资者关系的人，通常标配一套1 500美元的西装和一台用于PowerPoint演示的平板电脑。但是，就小公司而言，我们更可能与公司的管理层以及公司的创始人坐在一起。此时，你会得到一些直观明确的回答。我有个学生曾问一家石油公司的创始人（他是20世纪70年代末出生的）："如果石油价格一直维持在每桶90美元以上，你对明年有什么预期？"他回答道，

第15章 学会提问

"要是每桶在90美元以上,我明年就会过上一整年花天酒地的日子。"这里没有你在新闻发布会上会遇到的套话,但绝对富有洞见和令人难忘。

CFO应该也是会计师,但这个身兼两职的人也是需要有创造性的,而且应该是一个善于解决问题的人。上市公司的CFO身兼数职,包括对股东、投资组合经理人和股票分析师发表演讲,以及设计PowerPoint演示文稿和年度报告。在小型上市公司,CFO总是在超负荷工作。他的角色需要综合运用左右脑的功能,比你想象的更善于处理电话问询。如果正好有人愿意倾听,他们很可能有很多关于公司的故事可以讲。

国会于2000年通过了《公平披露规则》(Regulation Fair Disclosure,众所周知的Reg FD)。规则规定,在没有向公众披露信息之前,公司不能向某个人分享有意义的信息。有时候这让我的学生对于访问管理层有点儿紧张。一想起我们在20世纪90年代对一家广告公司的造访,我还是会发笑。这家公司是通过一系列的收购成长起来的。一个本科生问公司的管理者他们明年打算收购的公司数量是多少。在管理者告诉她答案之后,她又问道,"你可以告诉我你打算收购的公司有哪些吗?"对方回答道,"可以,但接下来我不得不杀了你!"

别担心,没有人会因为问问题而下狱。回答问题才会带来问题。上述这个问题会造成实际恶果，管理者理应对此保持警觉。

学生们会准备非常好的问题，我也会带来一连串的问题。不要自作聪明地在开始问问题之前加上一段冗长的序言，同样不要浪费他们宝贵的时间来问一些只要看看公司的网站就能得到答案的问题。

相反，我们往往会挖掘那些隐藏的问题。例如，我曾经带我的学生去拜访王冠工艺公司（Crown Crafts，CRWS）的管理者，该公司是他们自己所称的"朝阳产业"中世界上最大的公司——生产诸如围兜和婴儿床之类的婴儿用品。在尝试构建一个对未来销售量的预测时，我的学生依靠的是对美国出生率的预测。然而，公司的CEO指出，需要的是比出生率窄一点儿的一个指标。他说，对他们的产品销量真正有影响的因素是第一胎的出生率，在有第二或第三个孩子的时候，父母还是用他们为老大买的围兜。这就是你可以运用洞察力的地方。

对话往往是从一个开放性问题开始的。我通常是通过问"你是如何做到晚上精神百倍的？"来打开话题的。在咯咯大笑之后，一些人会提到他们的生活方式，接下来管理者会提到公司面临的问题和挑战。

对我们来说，另一个好的开放性问题是，"如果我们打算

第 15 章 学会提问

跟你的竞争对手聊聊,他们会怎样评价你呢?"他们会从"啊,他们会说我们是坏蛋!"开始,并接着继续解释行业情况怎么样,他们是从哪里切入行业的,以及他们所从事的行业细分市场的情况。

其他一些好的问题还包括下面这些①:

- 你正在从哪里寻找新的潜在增长机会?从现在开始,五年后这个公司会怎么样?
- 管理者的薪酬计划与股东的利益一致吗?薪酬与绩效挂钩吗,有某种"岗位黏性"吗?(我喜欢这个说法。它指的是延迟发放既有的激励来将关键人物留在公司。)
- 要跟踪你公司经营目标的进展情况,我们需要关注哪些东西?

如果你去访问一家公司的网站,你可以看到他们下一次电话会议的安排。你可以打进电话、聆听发言,甚至提出问题。你会发现你关心的很多问题都会被其他投资者和分析师提出。另一个好的消息来源是存储在公司网站上的电话会议档案。我喜欢回顾一下这些档案,听听最后两三个电话,看看管理者预测和承诺的是否已经实现。如果管理者没有发展策略和时间计划而总是在"灭火",这就是个坏信号。

---

① 汤姆·帕特南(杜兰大学 MBA-1968),费内莫尔资产管理公司的 CEO,十多年前为我们提供了这些有洞察力的问题。谢谢,汤姆。

经验值为 0 如何选出大牛股

当阅读公司最近几年的年报时，我还希望能找到一种连续性。总裁的信通常值得一读。信的第一部分是回首过去一年所经历的考验和磨难，第二部分是说明他们在接下来的 12 个月的战略和目标。

有一个信息来源你可能应该避开，就是在线信息公告牌。这种公告牌几乎每个上市公司都至少有一个。在我看来，公告牌的评论似乎总是来自那些愤愤不平的公司前任雇员或者几乎没有什么洞见、手头有大把时间的闲人（很可能住在父母家的地下室里）。他们夸夸其谈，但很可能并不是重要投资者，也没有任何具实质性的洞见——或者说，正如得克萨斯人喜欢说的，"光说不练的假把式。"

偶尔，你也会在这些公告牌中看到一点儿重要的信息。回到 20 世纪 90 年代中期，我们跟踪了一家位于路易斯安那州亚历山德里亚的名叫蓝金汽车的公司。那时，互联网刚开始出现。我们在他们的会议室里跟公司的管理者会面，他礼貌性地问道，"你们知道了什么？"我的一个学生照字面意思实在地答道，"我知道你打算在路易斯安那州的门罗新开一家分销店，星期一上午 9 点会发布公告。我是从互联网上得知的。"

这一信息还没有被公司公开，那位管理者咬着嘴唇，带着对互联网的无奈假笑道，"哈，他们把时间搞错了！"这对我来说是个"顿悟时刻"。商业信息和股票研究的未来"将会

第 15 章　学会提问

日新月异"。

如果你正关注的公司的业务位于你所在的地区,在单位、教堂、民间组织之类的地方到处打听打听,你可能就会惊诧于联系上一个对某个公司非常了解的人是如此的容易。这不仅是了解公司业务进展情况的好方法,你通常也能了解到公司文化以及人们是否真的喜欢在那儿上班。

每个行业都有一个贸易协会。几年前我在华盛顿特区发表演讲之后居然注意到电梯旁的楼宇租户目录上有一个由协会组成的协会!每个协会都会有一个公共关系官,非常愿意提供协会所在行业的背景情况,以及企业面临的挑战、机会和趋势。这是一个金矿。

我们博肯路报告的学生并不腼腆,他们会经常联系公司的竞争对手、供应商和顾客,我们从这些地方已经获得了很多有价值的信息。记住,大部分人喜欢谈论自己的工作,因为他们喜欢谈论自己。从事着看似平淡无奇业务的公司以他们自己的方式让人感到有趣,你问的问题应该显示出你是有备而来的。最后,尊重他们的时间。告诉这些大忙人,你只打算占用他们几分钟的时间,并且要说到做到。

坦白地说,你从自己问问题和自己做研究中会得到一定的满足感。自己做吧。正如谚语所说的,"授人以鱼,不如授人以渔!"嗯……就是这么回事儿。

第 16 章

学生的实地考察

学生们喜欢到公司实地考察。对一些本科生来说,这是他们人生的第一次商务旅行。他们几乎不知道这种商务旅行最终会变得多么令人厌烦。我经常到外地发表演讲,在路上奔波几天之后,通常会感到筋疲力尽,衣服皱巴巴的,看起来像手纸一样。最近,我跟一队学生经由休斯敦国际机场外出考察,每个人都穿着最好的衣服。有个擦鞋匠喊道,"不能跟鞋子脏的人做生意!"我们都大笑,其中两个人找他擦了皮鞋。

经验值为 0 如何选出大牛股

拥有这么一群聪明、热情和充满激情的商科学生是很棒的，对于一个学术项目来说，这是个能够客观地研究上市公司的优势。然而，对于华尔街来说，这个项目却存在一个巨大的劣势——学生的毕业给我们带来每年 100% 的人员"离职"率！

我喜欢在我们的实地考察中了解我的学生。我永远不会忘记的是一个本科生曾给我讲的故事：他和哥们儿去镇上玩儿，有时候会喝多。为了规避酒后驾车的致命危险，他们会走进当地的比萨店，叫个比萨外卖，让店家把他们连带比萨一起送回家。年轻人啊，他们太有办法啦！

我听说过人们鄙视这一代人，认为他们是被宠坏的、令人难以忍受的、迷茫的一代，但是我的观点刚好相反。自 1986 年以来，我在杜兰大学已经教过 5 500 多个学生。他们非常优秀，并给予我无穷乐趣。与我一起工作的学生聪明伶俐、上进心强、品德高尚，富有集体精神。在卡特里娜飓风之后，杜兰大学的校长斯科特·科文发起了参与"社会服务学习"计划，学生会去服务当地的小学、帮忙拆除废弃房屋，或者去做新奥尔良地区需要的任何其他事情。用股票市场的术语来说，"不要做空他们"。就拥有即将成熟起来的如此伟大的一代人而言，美国是非常幸运的。

第 16 章　学生的实地考察

▶ 独立外出调研

在很多其他因素中，我更愿意根据学生独立外出调研的情况来对他们进行评分。他们有很多点子，的确善于发现成长股。我们通常将其称为"管道检查"，包括约谈顾客、供应商和竞争对手。他们不能只是重复从管理层那里听来的或者从互联网上得来的东西。我认为，我们报告的读者的确欣赏我们这些额外的、非同寻常的努力。

例如，我们跟踪过亚特兰大的海事产品公司（Marine Products Corporation，MPX），该公司是美国最大的四家标准动力艇制造商之一。在路易斯安那州，他们生产的 Robalo 牌休闲垂钓船算是非常大的（嘿，我们的牌照上写着"运动者的天堂"）。船舶业务是由消费者信心驱动的。你确实需要人们对自己的工作和收入前景感到乐观，才能让他们愿意花钱来购买像游艇这样的大件奢侈品。

2012 年冬天，我的五个学生带着笔记本去参加了新奥尔良船舶展览会。他们到处闲逛，不时问人们，"你打算买游艇吗？""为什么要现在买？"

很多人说一直想买一艘新游艇，但是考虑到经济状况，他们一直犹豫不决。然而，就在那一年他们终于为此掏出了支票本。不出所料，这是非常有价值的信息，公司收入和股票价格不久之后就开始上涨。那年4月的公司公告称，第一季度的游艇销售量增长了54%。

其他人说，他们现有的游艇非常老旧，需要修理一下，他们刚好处于必须替换这些旧东西的边缘。

我的学生们也在海事产品公司的展厅外不断询问参观者对公司当前游艇产品的看法。这就是他们会放入研究报告中的那类信息。

▶ 训练建模能力

公司每年要报告四次盈利情况。你会注意到，管理者会将当前季度的结果与上一年同一季度的结果进行比较。这就去除了季节性因素，并给予投资者和分析师一个基于更加"公平合理标准"的比较。仅凭每股收益并不能告诉你人们对这只股票是感到失望还是兴奋。一个经验法则是，如果分析师的预期高于公司报告的结果，那么股价就会下跌。如果分析师的预期低于实际结果，那么股价就会上涨。分析师们特别关注公司的"前瞻性报表"（预测报表）以帮助自己调整模型。

有一次，我们考察完鸡蛋分销商卡缅因公司的设施，一

第 16 章 学生的实地考察

个学生打开笔记本电脑——实际上我并不鼓励在参观过程中带电脑,但是没办法——屏幕上显示了很多不同颜色的行和列。公司的 CFO 从学生的背后看过去,问道,"这是什么?"学生回答道,"这是我们为公司建立的财务模型。"CFO 忍不住笑起来,慢吞吞地拖着腔调说:"我自己的模型基本上就是鸡蛋的价格减去饲料的价格。"

学生们跟极富耐心的安东尼·伍德教授在一起待过几个小时,教授提供了框架来帮助学生建立每个公司基本的财务模型。这项工作的工作量十分巨大!我们之所以重视训练这些预测和建模能力,是因为我们认为,在去顶级投资公司求职的时候,这有助于将我们的学生脱颖而出。

第 17 章

行动起来

没错,我们在博肯路报告中所做的一切工作量巨大,进行这个项目每年要花费大概 75 万美元。但是,通过成立一个致力于发现你所在地区没有被充分关注的公司的投资俱乐部,你可以在一定程度上复制我们的成就。

15 年前,有超过 40 万人会加入投资俱乐部,现在只有 39 000 人有这个意愿,人数减少了 90%!这些曾经流行的投资俱乐部,是朋友们相聚在一起谈论股票并汇集大家的资金来购买股票的地方。俱乐部及其会员已经风光不再。以逆向投资者的观点看,这告诉我现在是启动一个投资俱乐部的天赐良机。下面是我的建议。

➤ 十个好主意

1. 找一些真正想要深入研究股票市场的人。

2. 访问 www.betterinvesting.com,这是一个由非营利性组织公司投资者国家联盟(National Association of Investors Corporation,NAIC)资助的网站。关于如何正确地成立一个投资俱乐部和如何避免发生造成俱乐部解体的法律和个人问题,该网站提供了一些很有用的资料。

3. 在你所在的地区找出几家被华尔街忽视的上市公司。你们当地的报纸很可能在星期天的版面上会罗列本地公司(见图 17—1),其中也许会包括在本地区开展业务的大型州外企业,但要聚焦于实际上总部位于你所在地区的那些公司。

4. 利用本书中提供的一些方法,指派每位成员去研究一个公司。让他们向团队汇报自己的发现,之后组织成员对是否购买该公司的股份进行投票。

5. 通过阅读公司的 10-K 文本来开始你的研究,这是证券交易委员会要求公司提供的一个年度文本,像其他基本的股东信息一样可以在公司的网站上找到。虽然不像年度报告

BLOOMBERG LOUISIANA								
		% Change		$1k Inv			% Change	$1k Inv
Company	Close	1D	1Yr	1Yr	Company	Close	1D 1Yr	1Yr
Albemarle	64.69	2.1	8.8	1104.12	LamarAdv	44.18	-0.6 58.4	1583.51
Amedisys	10.92	2.4	-14.2	858.49	LHC Group	19.6	-0.9 5.1	1155.66
AT&T	35.6	0.1	0.2	1052.02	LockhdMrtn	109.57	0.4 25.4	1313.94
Atmos En	41.43	1	15.9	1202.51	LouisnaBcp	17.56	1.9 11.4	1114.21
Bristw Grp	68.05	0.7	64	1665.31	MarathonOl	36.37	1.5 48.1	1513.39
Cap One	65.53	0	20.8	1218.66	McDermott	8.71	2.6 -22.6	773.53
CenturyLnk	35.39	0.1	-10.5	957.36	MidsouBcp	16.27	0.4 11.3	1134.39
Chevron	123.27	1.7	18	1219.13	Murphy Oil	62.65	1.4 31.2	1339.64
ChrchlDwn	83.01	0.1	37.2	1388.01	NewparkRes	12.16	2.5 93.3	1933.23
Cleco Corp	47.42	1.3	11.6	1150.74	NortrpGrmn	85.53	0.5 35.5	1389.01
DomRes	57.34	0.8	6.6	1110.69	Petroquest	4.53	-1.1 -14	859.58
Dow Chem	34.02	2.8	9.1	1135.9	Pool Corp	54.27	0.5 33.5	1355.53
Entergy	69.14	0.3	1.7	1067.93	RegionsFin	10.2	0.5 53.8	1549.83
EPL Oil&G	31.21	0.7	79.3	1792.65	RylDutch A	64.56	1.1 -4.1	1008.9
ExxonMobil	93.34	1.2	11.6	1145.49	SandrsnFm	70.57	2.4 60.6	1628.92
FreeprtMcM	27.64	0.7	-17.2	857.53	StewartEnt	13.18	0 70.9	1745.2
Globalstar	0.62	-2.2	112	2120.48	Stone En	23.59	1.8 -7.3	926.55
GulfIsland	21.5	1.6	-27.1	741.66	SuperiorEn	28.01	2.4 37.6	1375.74
Hancock	32.04	0.6	4.2	1075.7	Teche	43.5	-1.1 11.5	1145.69
Home Bcp	18.47	0.3	7.3	1072.59	Textron	26.89	2.2 11.2	1115.39
HornbckOff	57.66	0.8	45.2	1452.39	Tidewater	58.37	1.6 23.6	1262
Iberiabank	56.2	0.2	12.7	1158.42	W&T Offshr	15.37	1.7 2.4	1045.88
JPMorg Ch	54.89	0.3	61.6	1661.49				

The Times-Picayune · Wednesday, July 10, 2013

图 17—1　报纸版面罗列的本地公司信息

那样引人入胜，但你了解公司所需的内容就在 10-K 文本中。有两部分是必读内容。"商业事务"部分讨论如公司的主要产品和服务、规章制度、劳动条件、竞争对手和业务季节性等事项；"风险因素"部分讨论公司本身面临的风险以及更普遍存在的风险，如行业风险、经济风险和地区风险，例如我们新奥尔良的公司通常会在其中提到飓风风险。

6. 理论上，你最终应该构建一个由你所在地区未被充分关注的上市公司构成的、时刻保持警惕的、分散化的投资组合。切记，单独来看这类股票通常波动性都很高，这就是为什么你希望在投资组合中持有一二十只这类股票的原因。我认为，博肯路共同基金表现不错的原因之一，就是在任何时候都持有 50 多只来自不同行业的不同股票。分散化投资有助于减少不可避免的选股失误，如我在第 8 章"反思失败"中所描述的。

7. 如果有可能的话，让公司的人来给你的团队做个报告。被忽视的公司通常渴望讲述自己的故事。如果顺利的话，你甚至可以得到一些去公司实地考察的机会！

8. 就像要结束一段关系一样，有时候放弃一只股票很难。在购买股票之前，团队应该清楚地知道为什么要买这只股票以及股票的目标价位是多少。当形势已经发生变化或者目标已经达到，团队就需要重新评估持股情况。我喜欢保留对股票交易情况的记录，回顾购买某只股票的原因和结果让我受益匪浅。

9. 我建议，在建立某些股票的投资组合时，你应该考虑以下这个"笨"方法。没有人会知道市场的短期走向，因此，如果你想拥有 1 000 股某个公司的股票的话，开始的时候可以先买 500 股，这有助于建立正面的投资心理——如果股价下跌，你会因为有机会以更低价格来增加股票持有量而感觉良好；如果股价上涨，你也会因为曾低价买入该股票而享受成功的喜悦。

第 17 章　行动起来

10. 你甚至可以为你的报告想出简明扼要的题目,这对创造力是一个很好的训练。对我的学生来说,这个环节一直是撰写报告中最喜欢的部分。有一组学生将他们关于鸡肉加工商桑德森农业公司的研究报告取名为"飞禽"。我不得不修改其他小组的题目:例如,负责斯通能源公司(Stone Energy, SGY)的一组学生认为"每个人都必须有斯通"(Everybody Must Get Stone)是个好题目,这个题目在引得读者大笑的同时还会以某种方式纪念这首歌。

有些事我仍然觉得很好笑。在拜访仓库吊扇和灯具设计商手工国际公司的时候(在股价经历过山车般起伏之后,该公司于 2010 年被里泰克斯公司收购了),一个 MBA 学生问手工国际公司的 CEO 吊扇是否有不同的马力。他的回答是,他卧室的吊扇是如此强大以至于可以"从床上吸走床单"。学生记住了这句话,在他们完成该公司报告的时候,把报告命名为"手工国际:在床单卷进电扇的时候"。

多年以来,我在很多投资俱乐部演讲过,我始终喜欢的一个俱乐部是位于路易斯安那州什里夫波特名叫"辛迪加"的男人投资俱乐部。(我提到这个,只是因为我打过交道的很多俱乐部基本上都是由妇女组成的。)大概 50 个成员 55 年来一直保持着聚会和投资(并享受一些非常美味的晚餐)的传统。他们甚至有自己的旗帜。旗帜是蓝色的,带有金色的美元符号和一些拉丁文,翻译过来是:"我富过,我穷过,富比穷好。"我完全同意!

➤ 创建一个思想的竞技场

在我们的网站 www.stockunderrocks.com 上有一个链接可以充当一个虚拟的饮水机,在这里,读者们可以聚在一起,分享他们对"成长股"的想法。把你发现的股票告诉我们,也许学生们会把它放到博肯路报告的研究中。

我们正在寻找具有这些基本特征的任何上市公司:
- 股市市值在 5 000 万美元到 20 亿美元之间。
- 在过去的三年中,至少有两年是盈利的。
- 跟踪该股票的分析师小于或等于 5 个。[①]

所有这些信息在互联网上都是很容易找到的:只需浏览一下公司网站的"投资者关系"一栏即可。

给我们写信吧,告诉我们你是如何发现这家公司,以及为什么买它的股票会是一项好的投资。别忘了告诉我们关于你的一些信息,你对股票市场的兴趣,以及你的投资策略。

---

① 在公司网站的"投资者关系"栏目下,或者在 www.cnbc.com 上查找公司的股票报价以及在盈利标签下仔细查看,你都会找到这一信息。

第 17 章　行动起来

　　我想，你会发现，在大盘中寻觅成长股会是一件很有趣的事——当然也是非常有利可图的。

　　坚持不懈地寻找吧！

附　录

可靠的投资信息来源

投资不过是对可靠信息的收集和解释,以及以此为基础的行动。在我罗列出我最喜欢的投资信息和观点来源的时候,我不禁回想起西塞罗的这句话:"我觉得只有当一个预言者遇到另一个预言者的时候他才会笑。"

下面是我们依据的一些信息来源。

▶ 推荐阅读

流行性读物

One Up on Wall Street，Peter Lynch

A Zebra in Lion's Country，Ralph Wanger

The Money Masters，John Train

The Little Book That Beats the Street，Joel Greenblatt

分析性读物

The Intelligent Investor，Benjamin Graham

Security Analysis，Benjamin Graham and David Dodd

复杂而清晰的读物

Common Sense and Uncommon Profits，Phillip Fisher

The Contrarian Investment Strategy，David Dreman

▶ 投资网站

Investopedia.com

Bloomberg.com

MotlayFool.com

NPR.ong/blogs/money/（NPR's Planet Money feature）

Seeking Alpha. com

Wikinvest. com

YahooFinance. com

▶ 富有洞见的投资专家和新闻稿

Jeremy Grantham，GMO，www. gmo. com

Howard Marks，Oaktree Capital，www. oaktreecapital. com

Bill Nasgowitz，Heartland Funds，www. heartlandfunds. com

Jim Paulsen，Wells Capital Management，www. wellscap. com

Jason Desena Trennert，Strategas，www. strategasrp. com

表1是学生们在博肯路报告中所跟踪的一些上市公司的名单。名单中企业的流动性很大。如想了解最新的名单，请访问我们的网站：www. burkenroad. com。

表1 博肯路报告 2013—2014 年跟踪公司列表

公司	代码/交易所	行业	总部
AFC Enterprises	AFCE/NASDAQ	餐饮业	Atlanta, GA
Amerisafe	AMSF/NASDAQ	保险业	DeRidder, LA
BRISTOW GROUP	BRS/NYSE	离岸直升机服务	Houston, TX

经验值为0如何选出大牛股

续前表

公司	代码/交易所	行业	总部
Callon Petroleum Company	CPE/NYSE	油气钻探	Natchez, MS
Cal-Maine Foods	CALM/NASDAQ	食品加工——鸡蛋	Jackson, TX
Carbo Ceramics	CRR/NYSE	油田服务	Irving, TX
Cash America	CSH/NYSE	典当行	Ft. Worth, TX
CLECO Corporation	CNL/NYSE	区域公用事业	Pineville, LA
Conn's Inc.	CONN/NASDAQ	零售业	Houston, TX
Conrad Industries, Inc.	CNRD.PK	海洋建设维修	Morgan City, LA
Crown Crafts Inc.	CRWS/NASDAQ	儿童用品	Gonzales, LA
Cyberonics Inc.	CYBX/NASDAQ	医疗设备	Houston, TX
Denbury Resources	DNR/NYSE	油气钻探	New Orleans, LA
EastGroup Properties	EGP/NYSE	房地产	Jackson, MS
EPL Oil & Gas Inc.	EPL/NYSE	油气钻探	New Orleans, LA
Evolution Petroleum	EPM/NYSE·AMEX	油气钻探	Houston, TX
Gulf Island Fabrication	GIFI/NASDAQ	油田服务	Houma, LA

附录 可靠的投资信息来源

续前表

公司	代码/交易所	行业	总部
Hibbett Sports	HIBB/NASDAQ	运动产品	Birmingham, AL
Hornbeck Offshore Services	HOS/NYSE	油田服务	Covington, LA
Houston Wire and Cable	HWCC/NASDAQ	电气设备	Houston, TX
IBERIABANK Corporation	IBKC/NASDAQ	银行业	New Iberia, LA
ION Geophysical Corporation	IO/NYSE	油田服务	Stafford, TX
Key Energy Services	KEG/NYSE	油田服务	Houston, TX
Marine Products Corporation	MPX/NYSE	消费品——游艇	Atlanta, GA
MidSouth Bancorp	MAL/NYSE·AMEX	银行业	Lafayette, LA
PetroQuest Energy	PQ/NYSE	油气钻探	Lafayette, LA
Pool Corporation	POOL/NASDAQ	泳池产品	Covington, LA
Powell Industries	POWL/NASDAQ	电气设备	Houston, TX
Rollins Inc.	ROL/NYSE	消费者服务	Atlanta, GA
RPC Inc.	RES/NYSE	油田服务	Atlanta, GA
Sanderson Farms	SAFM/NASDAQ	食品加工——鸡肉	Laurel, MS

经验值为0如何选出大牛股

续前表

公司	代码/交易所	行业	总部
Seacor Holdings	CKH/NYSE	油田服务	Harvey, LA
Sharps Compliance	SMED/NASDAQ	医疗垃圾	Houston, TX
Stone Energy Corporation	SGY/NYSE	油气钻探	Lafayette, LA
Superior Energy Services	SPN/NYSE	油田服务	Harvey, LA
Susser Holdings Corporation	SUSS/NASDAQ	便利店	Corpus Christi, TX
Susser Petroleum	SUSP/NASDAQ	汽油零售	Corpus Christi, TX
Team Inc.	TISI/NYSE·AMEX	工业服务	Alvin, TX
Teche Holding Company	TSH/NYSE	银行业	Franklin, LA
Willbros Group	WG/NYSE	油田服务	Houston, TX

希拉里领导力

【美】丽贝卡·香博 著

冯云霞 朱超威 宋继文 译

一个人如何经过长期的、艰难的、身心疲惫的过程,破茧而出,成长为美国乃至全球最有影响力的领导者之一?

有望成为美国历史上第一位女总统的希拉里,其经历是一堂生动真实的领导力课程,每个人都可以从中学习并有所收获。

笑傲牛熊

【美】史丹·温斯坦　著

亦明　译

华尔街交易大师的扬名之作。

将复杂的技术分析理论简化为简单的操作系统，是技术分析领域不可不读的经典。

如果巴西下雨，就买星巴克股票

【美】彼得·纳瓦罗　著

牛红军　译

读懂财经新闻、把握股市逻辑的最佳读物。投资大师吉姆·罗杰斯倾力推荐。

给予者
只有给予者才能成功运营社群
【美】朱迪·罗宾奈特 著

张大志 译

如何接触和获得高级别的人脉关系？
每段牢固的人脉三个最重要的因素是什么？
如何构建强大的人脉关系网？

美国人脉女王和"超级给予者"，揭示连接人脉网络和社会资本不可不知的法则。

首席内容官
解密英特尔全球内容营销
【美】帕姆·狄勒 著

孙庆磊 译

社交媒体时代，每个公司都需要一位"总编辑"。

如何组建和管理内容营销团队？
如何制定跨界的内容营销战略？
如何创作有效的内容吸引顾客？
如何发现被忽视的受众连接点？

英特尔全球营销战略总裁解读"首席内容官"成功之道。

供应链金融

宋华 著

中国人民大学商学院教授最新力作,互联网+浪潮中实体经济与金融如何结合的深度阐释!

集实践性、理论性、思想性、创新性为一体。

冯国经、余永定、丁俊发等众多专家一致推荐!

超级天使投资
捕捉未来商业机会的行动指南

【美】戴维·罗斯 著

桂曙光 译

硅谷创投元老作品。
全面揭示挖掘未来明星企业九大方法,以及从种子轮到ABC轮的必做功课。
创业融资和股权投资必读!
徐小平、蔡文胜、里德·霍夫曼等投资大咖联合推荐!

Authorized translation from the English language edition, entitled STOCKS UNDER ROCKS: HOW TO UNCOVER OVERLOOKED, PROFITABLE MARKET OPPORTUNITIES, 1 Edition, by RICCHIUTI, PETER, published by Pearson Education, Inc., Copyright © 2014 by Peter Ricchiuti and Annette Naake Sisco.

All rights reserved. No part of this book may be reproduced or transmitted in any form or by any means, electronic or mechanical, including photocopying, recording or by any information storage retrieval system, without permission from Pearson Education, Inc.

CHINESE SIMPLIFIED language edition published by PEARSON EDUCATION ASIA LTD., and CHINA RENMIN UNIVERSITY PRESS Copyright © 2016.

本书中文简体字版由培生教育出版公司授权中国人民大学出版社合作出版，未经出版者书面许可，不得以任何形式复制或抄袭本书的任何部分。本书封面贴有 Pearson Education（培生教育出版集团）激光防伪标签。无标签者不得销售。

图书在版编目（CIP）数据

经验值为 0 如何选出大牛股/（美）彼得·里奇乌蒂（Peter Ricchiuti），（美）安妮特·那科·西斯科（Anetti Naake Sisco）著；孙国伟译．—北京：中国人民大学出版社，2016.9
书名原文：Stocks Under Rocks
ISBN 978-7-300-23045-0

Ⅰ.①经… Ⅱ.①彼…②安…③孙… Ⅲ.①股票投资-基本知识 Ⅳ.①F830.91

中国版本图书馆 CIP 数据核字（2016）第 145840 号

经验值为 0 如何选出大牛股

[美] 彼得·里奇乌蒂（Peter Ricchiuti）
　　安妮特·那科·西斯科（Anette Naake Sisco） 著
孙国伟　译
Jingyanzhi Wei 0 Ruhe Xuanchu Daniugu

出版发行	中国人民大学出版社			
社　　址	北京中关村大街 31 号		邮政编码	100080
电　　话	010-62511242（总编室）		010-62511770（质管部）	
	010-82501766（邮购部）		010-62514148（门市部）	
	010-62515195（发行公司）		010-62515275（盗版举报）	
网　　址	http://www.crup.com.cn			
	http://www.ttrnet.com（人大教研网）			
经　　销	新华书店			
印　　刷	北京联兴盛业印刷股份有限公司			
规　　格	148 mm×210 mm　32 开本		版　次	2016 年 9 月第 1 版
印　　张	6.375　插页 2		印　次	2016 年 9 月第 1 次印刷
字　　数	108 000		定　价	49.00 元

版权所有　侵权必究　印装差错　负责调换